Maaltafel Meesterskap

Christine R. Draper

ISBN: 978-1-909986-07-7

Meer oor die Maaltafels

Vermenigvuldiging is die byvoeging van groepe. So 3 x 6 beteken drie groepe van ses. Daarom is vermenigvuldiging dieselfde as herhaaldelike optel. So 3 x 6 is dieselfde as om drie, ses keer bymekaar te voeg.

Dus, as ek drie mandjies met ses appels het; om die antwoord te kry kan ek drie appels ses keer bymekaar voeg, of ek kan drie met ses vermenigvuldig. So vermenigvuldiging is bloot 'n manier van die byvoeging van 'n getal verskeie kere.

3 x 6 is drie keer baie van ses

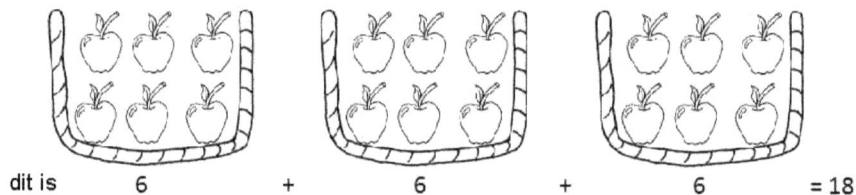

dit is   6   +   6   +   6   = 18

In vermenigvuldiging maak dit nie saak in watter volgorde die nommers is nie, die antwoorde sal dieselfde bly. Daarom: 3 x 6 is dieselfde as 6 x 3. Dit is nuttig want dit beteken dat ons net 66 maaltafelstellings moet leer.

As ek drie mandjies van ses appels of ses mandjies van drie appels het, sal ek dieselfde aantal appels hê.

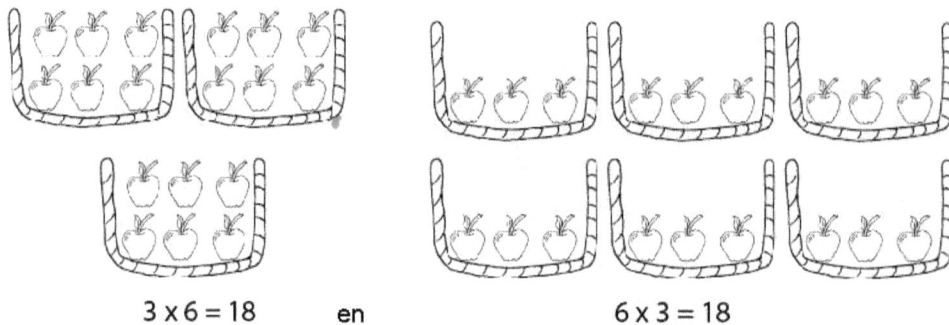

3 x 6 = 18   en   6 x 3 = 18

Verdeling is soos om te deel. Dit kyk na hoeveel groepe gemaak kan word. Daarom: 18 ÷ 6 beteken hoeveel groepe van ses is in 18. Terwyl vermenigvuldiging herhaaldelike byvoeging is, is verdeling herhaaldelike aftrekking.

So, as ek agtien appels het en ek moet hulle in groepe van ses sit, is dit dieselfde as 18 ÷ 6.

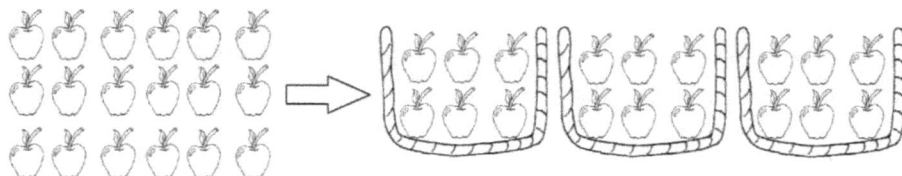

Maar, anders as vermenigvuldiging maak dit saak in watter volgorde die nommers is.

Leer van die Maaltafels

Daar is 'n aantal maniere waarop mens die maaltafels kan leer, en almal verskil. Jy moet die metodes gebruik wat die beste vir jou werk, maar nadat jy hulle geleer het moet jy in staat wees om enige maaltafelsvrae vinnig te beantwoord. Daarom lei hierdie twee beginsels hoe hierdie boek geskryf is:

1. Jy moet in staat wees om die maaltafels willekeurig te beantwoord.
2. Oefening help almal.

Hier is 'n lys van wenke en tegnieke wat kan help om die maaltafels vinniger te leer:

- Sing die maaltafels, klap en sê hulle op 'n ritme. Jy kan selfs 'n bal hop.
- Maak kaartjies met die maaltafels met vrae en antwoorde. Dan speel jy "snap" met hulle, of 'n geheue speletjie.
- Maak jou eie liedjies, stories of simpel gedigte op (sien onder).
- Gebruik rekenaarspeletjies, vasvrae of toepassingsprogramme.
- Sing maaltafel liedjies.

Daar is 'n paar boeke wat stories of rympies vir elke maaltafel bevat. Dit kan egter lei tot verwarring want kinders probeer om 144 rympies en stories te onthou, maar wanneer jy die skryf-bedek-merk oefeninge doen kan dit nuttig wees om simpel rympies te maak vir enige van die wat jy probleme mee het om te onthou. Byvoorbeeld:

Nommer ses val op sy gesig

Ses maal vier is vier-en-twintig

As jy 'n paar rekenaarspeletjies en vasvrae wil hê om die materiaal in hierdie boek aan te vul, gaan asseblief na: www.timestables.info.

'n Sestien Week Kursus

Hierdie boek kan klaar gemaak word as 'n sestien week kursus.

Die weke wat jy 'n maaltafel leer volg die volgende patroon:

Dag 1: Doen die skryf-bedek-merk bladsy.

Dae 2 - 5: Voltooi een oefen opdrag.

Die weke wat jy twee of meer maaltafels nasien volg die volgende patroon:

Dae 1-4: Voltooi een opdrag.

Dag 5: Voltooi een opdrag van woordprobleme.

Die skedule vir die 16 week kursus, met bladsy nommers is:

Nul en Een Maaltafels

As jy baie van niks het nie, het jy niks. So nul maal enige iets is nul. Byvoorbeeld, as daar sewe mense in 'n netbalspan is en jy het geen spanne nie, dan het jy geen spelers nie; so $7 \times 0 = 0$. Of, as lemoene 20c elk kos en jy koop niks, sal dit jou niks kos nie. Daarom: $20 \times 0 = 0$.

In die maaltafels dien die nommer een as 'n spieël en die ander nommer bly dieselfde. Dit maak nommer een so maklik dat ons nie eers 'n oefenopdrag gaan hê op nommer een nie, net skryf-bedek-merk.

$$1 \times 4 = 4$$

Een Maaltafel – Skryf, Bedek, Merk.

Die eerste kolom bevat die een maaltafel. Skryf elkeen in die tweede kolom neer; daarna bedek jy die eerste twee kolomme en kyk of jy dit kan regkry in die derde kolom. Kyk dan of jy die bypassende deelvrae kan beantwoord.

1 x 1 = 1	_1 x 1 = 1_	_1 x 1 = 1_	1 ÷ 1 = _1_
2 x 1 = 2	_____	_____	2 ÷ 1 = ____
3 x 1 = 3	_____	_____	3 ÷ 1 = ____
4 x 1 = 4	_____	_____	4 ÷ 1 = ____
5 x 1 = 5	_____	_____	5 ÷ 1 = ____
6 x 1 = 6	_____	_____	6 ÷ 1 = ____
7 x 1 = 7	_____	_____	7 ÷ 1 = ____
8 x 1 = 8	_____	_____	8 ÷ 1 = ____
9 x 1 = 9	_____	_____	9 ÷ 1 = ____
10 x 1 = 10	_____	_____	10 ÷ 1 = ____
11 x 1 = 11	_____	_____	11 ÷ 1 = ____
12 x 1 = 12	_____	_____	12 ÷ 1 = ____

Totaal $= \dfrac{\square}{12}$ Totaal $= \dfrac{\square}{12}$

Twee Maaltafel – Skryf, Bedek, Merk

Die eerste kolom bevat die twee maaltafel. Skryf elkeen in die tweede kolom neer. Volgende bedek jy die eerste twee kolomme en kyk of jy dit kan regkry in die derde kolom, sonder om te kyk. Kyk daarna of jy die bypassende deelvrae kan beantwoord. Wanneer jy klaar is, het jy baie gemengde oefeninge op die volgende bladsy. Om te vermenigvuldig met twee word dikwels verdubbel genoem.

1 x 2 = 2	_____	_____	2 ÷ 2 = _____
2 x 2 = 4	_____	_____	4 ÷ 2 = _____
3 x 2 = 6	_____	_____	6 ÷ 2 = _____
4 x 2 = 8	_____	_____	8 ÷ 2 = _____
5 x 2 = 10	_____	_____	10 ÷ 2 = _____
6 x 2 = 12	_____	_____	12 ÷ 2 = _____
7 x 2 = 14	_____	_____	14 ÷ 2 = _____
8 x 2 = 16	_____	_____	16 ÷ 2 = _____
9 x 2 = 18	_____	_____	18 ÷ 2 = _____
10 x 2 = 20	_____	_____	20 ÷ 2 = _____
11 x 2 = 22	_____	_____	22 ÷ 2 = _____
12 x 2 = 24	_____	_____	24 ÷ 2 = _____

Totaal $= \dfrac{\Box}{12}$ Totaal $= \dfrac{\Box}{12}$

Twee Maaltafel - Oefeninge

Oefening 1	Oefening 2	Oefening 3	Oefening 4
6 x 2 = _____	2 x 8 = _____	7 x 2 = _____	20 ÷ 2 = _____
2 x 9 = _____	2 x 7 = _____	2 x 3 = _____	14 ÷ 2 = _____
2 x 7 = _____	2 x 3 = _____	2 x 8 = _____	4 ÷ 2 = _____
2 x 2 = _____	12 x 2 = _____	2 x 2 = _____	18 ÷ 2 = _____
2 x 4 = _____	9 x 2 = _____	8 x 2 = _____	12 ÷ 2 = _____
9 x 2 = _____	7 x 2 = _____	2 x 5 = _____	2 ÷ 2 = _____
3 x 2 = _____	3 x 2 = _____	10 x 2 = _____	8 ÷ 2 = _____
0 x 2 = _____	2 x 4 = _____	11 x 2 = _____	22 ÷ 2 = _____
2 x 2 = _____	2 x 9 = _____	9 x 2 = _____	10 ÷ 2 = _____
2 x 11 = _____	2 x 5 = _____	6 x 2 = _____	20 ÷ 2 = _____
2 x 3 = _____	6 x 2 = _____	5 x 2 = _____	8 ÷ 2 = _____
2 x 8 = _____	2 x 11 = _____	2 x 4 = _____	6 ÷ 2 = _____
2 x 1 = _____	2 x 10 = _____	2 x 2 = _____	2 ÷ 1 = _____
2 x 6 = _____	2 x 12 = _____	2 x 7 = _____	16 ÷ 2 = _____
2 x 10 = _____	2 x 1 = _____	2 x 10 = _____	22 ÷ 2 = _____
1 x 2 = _____	0 x 2 = _____	12 x 2 = _____	24 ÷ 2 = _____
7 x 2 = _____	4 x 2 = _____	2 x 9 = _____	16 ÷ 2 = _____
11 x 2 = _____	2 x 2 = _____	4 x 2 = _____	4 ÷ 2 = _____
5 x 2 = _____	5 x 2 = _____	3 x 2 = _____	12 ÷ 2 = _____
10 x 2 = _____	8 x 2 = _____	2 x 11 = _____	10 ÷ 2 = _____
2 x 12 = _____	2 x 2 = _____	2 x 12 = _____	2 ÷ 2 = _____
8 x 2 = _____	11 x 2 = _____	1 x 2 = _____	14 ÷ 2 = _____
2 x 5 = _____	1 x 2 = _____	2 x 6 = _____	18 ÷ 2 = _____
12 x 2 = _____	2 x 6 = _____	2 x 1 = _____	24 ÷ 2 = _____
4 x 2 = _____	10 x 2 = _____	0 x 2 = _____	6 ÷ 2 = _____

Totaal $= \dfrac{\Box}{25}$ Totaal $= \dfrac{\Box}{25}$ Totaal $= \dfrac{\Box}{25}$ Totaal $= \dfrac{\Box}{25}$

Vyf Maaltafel – Skryf, Bedek, Merk

Die vyf maaltafel sal altyd met 'n nul of 'n vyf eindig. Om die gelyke getal uit te werk, halveer die nommer en voeg 'n nul by. As ek byvoorbeeld die volgende wil uitwerk: 8 x 5 = ?, kan hierdie metode my help: Agt is 'n gelyke getal, so ons kan die agt deur twee deel, wat vir ons vier gee, en dan net 'n nul byvoeg. Daarom is 8 x 5 = 40. As ek die volgende wil uitwerk: 9 x 5, kan ek 8 x 5 uitwerk (soos bo) en net vyf byvoeg. Daarom is 9 x 5 = 45.

1 x 5 = 5	_____	_____	5 ÷ 5 = _____
2 x 5 = 10	_____	_____	10 ÷ 5 = _____
3 x 5 = 15	_____	_____	15 ÷ 5 = _____
4 x 5 = 20	_____	_____	20 ÷ 5 = _____
5 x 5 = 25	_____	_____	25 ÷ 5 = _____
6 x 5 = 30	_____	_____	30 ÷ 5 = _____
7 x 5 = 35	_____	_____	35 ÷ 5 = _____
8 x 5 = 40	_____	_____	40 ÷ 5 = _____
9 x 5 = 45	_____	_____	45 ÷ 5 = _____
10 x 5 = 50	_____	_____	50 ÷ 5 = _____
11 x 5 = 55	_____	_____	55 ÷ 5 = _____
12 x 5 = 60	_____	_____	60 ÷ 5 = _____

Totaal $= \dfrac{\square}{12}$ Totaal $= \dfrac{\square}{12}$

Vyf Maaltafel - Oefeninge

Oefening 5

5 x 5 = _____
8 x 5 = _____
1 x 5 = _____
5 x 3 = _____
5 x 6 = _____
5 x 2 = _____
6 x 5 = _____
12 x 5 = _____
5 x 1 = _____
3 x 5 = _____
5 x 5 = _____
10 x 5 = _____
4 x 5 = _____
5 x 8 = _____
11 x 5 = _____
5 x 4 = _____
5 x 7 = _____
2 x 5 = _____
5 x 11 = _____
5 x 10 = _____
0 x 5 = _____
9 x 5 = _____
7 x 5 = _____
5 x 9 = _____
5 x 12 = _____

Totaal $= \dfrac{\square}{25}$

Oefening 6

5 x 3 = _____
5 x 11 = _____
5 x 5 = _____
3 x 5 = _____
4 x 5 = _____
5 x 6 = _____
7 x 5 = _____
0 x 5 = _____
5 x 5 = _____
6 x 5 = _____
5 x 7 = _____
5 x 4 = _____
1 x 5 = _____
12 x 5 = _____
2 x 5 = _____
5 x 1 = _____
9 x 5 = _____
5 x 9 = _____
5 x 8 = _____
5 x 12 = _____
10 x 5 = _____
8 x 5 = _____
11 x 5 = _____
5 x 2 = _____
5 x 10 = _____

Totaal $= \dfrac{\square}{25}$

Oefening 7

5 x 5 = _____
1 x 5 = _____
6 x 5 = _____
5 x 8 = _____
9 x 5 = _____
5 x 6 = _____
11 x 5 = _____
5 x 4 = _____
5 x 11 = _____
2 x 5 = _____
5 x 12 = _____
5 x 7 = _____
4 x 5 = _____
10 x 5 = _____
8 x 5 = _____
7 x 5 = _____
5 x 3 = _____
5 x 10 = _____
12 x 5 = _____
5 x 2 = _____
5 x 1 = _____
5 x 5 = _____
0 x 5 = _____
3 x 5 = _____
5 x 9 = _____

Totaal $= \dfrac{\square}{25}$

Oefening 8

5 ÷ 1 = _____
35 ÷ 5 = _____
60 ÷ 5 = _____
55 ÷ 5 = _____
50 ÷ 5 = _____
30 ÷ 5 = _____
10 ÷ 5 = _____
40 ÷ 5 = _____
45 ÷ 5 = _____
30 ÷ 5 = _____
35 ÷ 5 = _____
25 ÷ 5 = _____
40 ÷ 5 = _____
50 ÷ 5 = _____
10 ÷ 5 = _____
5 ÷ 5 = _____
15 ÷ 5 = _____
45 ÷ 5 = _____
20 ÷ 5 = _____
55 ÷ 5 = _____
5 ÷ 5 = _____
60 ÷ 5 = _____
15 ÷ 5 = _____
20 ÷ 5 = _____
25 ÷ 5 = _____

Totaal $= \dfrac{\square}{25}$

Tien Maaltafel – Skryf, Bedek, Merk

Om 'n nommer met tien te vermenigvuldig, skryf eenvoudig net die nommer neer en voeg 'n nul by. Byvoorbeeld, as ek die volgende wil uitwerk: 4 x 10 = ?, skryf ek die nommer vier neer, en voeg 'n nul by, wat die antwoord 40 maak.

1 x 10 = 10	_____	_____	10 ÷ 10 = _____
2 x 10 = 20	_____	_____	20 ÷ 10 = _____
3 x 10 = 30	_____	_____	30 ÷ 10 = _____
4 x 10 = 40	_____	_____	40 ÷ 10 = _____
5 x 10 = 50	_____	_____	50 ÷ 10 = _____
6 x 10 = 60	_____	_____	60 ÷ 10 = _____
7 x 10 = 70	_____	_____	70 ÷ 10 = _____
8 x 10 = 80	_____	_____	80 ÷ 10 = _____
9 x 10 = 90	_____	_____	90 ÷ 10 = _____
10 x 10 = 100	_____	_____	100 ÷ 10 = _____
11 x 10 = 110	_____	_____	110 ÷ 10 = _____
12 x 10 = 120	_____	_____	120 ÷ 10 = _____

$$\text{Totaal} = \frac{\Box}{12} \qquad \text{Totaal} = \frac{\Box}{12}$$

Tien Maaltafel - Oefeninge

Oefening 9	Oefening 10	Oefening 11	Oefening 12
10 x 12 = _____	1 x 10 = _____	2 x 10 = _____	80 ÷ 10 = _____
10 x 7 = _____	3 x 10 = _____	10 x 1 = _____	50 ÷ 10 = _____
8 x 10 = _____	10 x 5 = _____	10 x 7 = _____	120 ÷ 10 = _____
10 x 5 = _____	12 x 10 = _____	10 x 8 = _____	100 ÷ 10 = _____
10 x 2 = _____	10 x 3 = _____	7 x 10 = _____	120 ÷ 10 = _____
10 x 10 = _____	9 x 10 = _____	10 x 12 = _____	10 ÷ 10 = _____
6 x 10 = _____	4 x 10 = _____	10 x 10 = _____	90 ÷ 10 = _____
3 x 10 = _____	5 x 10 = _____	6 x 10 = _____	20 ÷ 10 = _____
7 x 10 = _____	11 x 10 = _____	10 x 9 = _____	10 ÷ 1 = _____
4 x 10 = _____	10 x 6 = _____	11 x 10 = _____	30 ÷ 10 = _____
9 x 10 = _____	10 x 2 = _____	5 x 10 = _____	60 ÷ 10 = _____
1 x 10 = _____	10 x 7 = _____	10 x 5 = _____	50 ÷ 10 = _____
5 x 10 = _____	10 x 4 = _____	10 x 6 = _____	40 ÷ 10 = _____
12 x 10 = _____	7 x 10 = _____	10 x 11 = _____	80 ÷ 10 = _____
10 x 10 = _____	10 x 10 = _____	10 x 10 = _____	40 ÷ 10 = _____
10 x 4 = _____	0 x 10 = _____	10 x 2 = _____	60 ÷ 10 = _____
10 x 11 = _____	10 x 1 = _____	10 x 4 = _____	70 ÷ 10 = _____
10 x 6 = _____	10 x 10 = _____	3 x 10 = _____	20 ÷ 10 = _____
0 x 10 = _____	2 x 10 = _____	9 x 10 = _____	90 ÷ 10 = _____
10 x 9 = _____	10 x 8 = _____	12 x 10 = _____	30 ÷ 10 = _____
10 x 1 = _____	10 x 12 = _____	4 x 10 = _____	80 ÷ 10 = _____
2 x 10 = _____	8 x 10 = _____	8 x 10 = _____	50 ÷ 10 = _____
10 x 8 = _____	6 x 10 = _____	10 x 3 = _____	120 ÷ 10 = _____
11 x 10 = _____	10 x 9 = _____	1 x 10 = _____	100 ÷ 10 = _____
10 x 3 = _____	10 x 11 = _____	0 x 10 = _____	120 ÷ 10 = _____
Totaal $= \dfrac{\square}{25}$	Totaal $= \dfrac{\square}{25}$	Totaal $= \dfrac{\square}{25}$	Totaal $= \dfrac{\square}{25}$

2, 5 en 10 Maaltafels - Oefeninge

Oefening 13	Oefening 14	Oefening 15	Oefening 16
2 x 10 = _____	11 x 10 = _____	1 x 2 = _____	5 x 2 = _____
7 x 5 = _____	1 x 2 = _____	3 x 10 = _____	7 x 2 = _____
8 x 2 = _____	4 x 2 = _____	6 x 2 = _____	6 x 5 = _____
11 x 2 = _____	3 x 5 = _____	3 x 5 = _____	4 x 10 = _____
5 x 10 = _____	6 x 2 = _____	2 x 5 = _____	10 x 10 = _____
1 x 10 = _____	5 x 2 = _____	11 x 2 = _____	2 x 5 = _____
8 x 10 = _____	4 x 5 = _____	11 x 10 = _____	12 x 2 = _____
10 x 2 = _____	9 x 10 = _____	4 x 5 = _____	7 x 10 = _____
10 x 5 = _____	3 x 10 = _____	12 x 5 = _____	6 x 2 = _____
9 x 2 = _____	12 x 5 = _____	1 x 10 = _____	3 x 10 = _____
4 x 10 = _____	1 x 5 = _____	5 x 5 = _____	4 x 5 = _____
2 x 2 = _____	12 x 10 = _____	5 x 2 = _____	10 x 2 = _____
8 x 5 = _____	6 x 5 = _____	12 x 2 = _____	12 x 5 = _____
12 x 10 = _____	9 x 2 = _____	11 x 5 = _____	4 x 2 = _____
11 x 5 = _____	5 x 10 = _____	6 x 10 = _____	1 x 10 = _____
7 x 2 = _____	8 x 5 = _____	9 x 10 = _____	1 x 2 = _____
10 x 10 = _____	2 x 10 = _____	2 x 2 = _____	10 x 5 = _____
3 x 2 = _____	7 x 10 = _____	1 x 5 = _____	12 x 10 = _____
6 x 10 = _____	10 x 2 = _____	4 x 2 = _____	5 x 5 = _____
7 x 10 = _____	9 x 5 = _____	8 x 2 = _____	3 x 2 = _____
9 x 5 = _____	10 x 5 = _____	7 x 5 = _____	8 x 5 = _____
6 x 5 = _____	7 x 2 = _____	3 x 2 = _____	2 x 10 = _____
5 x 5 = _____	4 x 10 = _____	10 x 5 = _____	5 x 10 = _____
12 x 2 = _____	8 x 10 = _____	7 x 2 = _____	1 x 5 = _____
2 x 5 = _____	10 x 10 = _____	9 x 2 = _____	3 x 5 = _____
Totaal $= \dfrac{\Box}{25}$	Totaal $= \dfrac{\Box}{25}$	Totaal $= \dfrac{\Box}{25}$	Totaal $= \dfrac{\Box}{25}$

2, 5 en 10 Maaltafels – Deel Oefeninge

Oefening 17	Oefening 18	Oefening 19	Oefening 20
70 ÷ 10 = _____	60 ÷ 10 = _____	10 ÷ 5 = _____	14 ÷ 2 = _____
8 ÷ 2 = _____	45 ÷ 5 = _____	25 ÷ 5 = _____	55 ÷ 5 = _____
50 ÷ 10 = _____	30 ÷ 10 = _____	110 ÷ 10 = _____	12 ÷ 2 = _____
45 ÷ 5 = _____	80 ÷ 10 = _____	60 ÷ 5 = _____	80 ÷ 10 = _____
30 ÷ 5 = _____	20 ÷ 2 = _____	50 ÷ 10 = _____	100 ÷ 10 = _____
15 ÷ 5 = _____	50 ÷ 5 = _____	30 ÷ 5 = _____	60 ÷ 10 = _____
24 ÷ 2 = _____	10 ÷ 10 = _____	70 ÷ 10 = _____	20 ÷ 5 = _____
20 ÷ 10 = _____	5 ÷ 5 = _____	18 ÷ 2 = _____	40 ÷ 10 = _____
40 ÷ 5 = _____	90 ÷ 10 = _____	16 ÷ 2 = _____	6 ÷ 2 = _____
35 ÷ 5 = _____	12 ÷ 2 = _____	10 ÷ 2 = _____	4 ÷ 2 = _____
16 ÷ 2 = _____	20 ÷ 5 = _____	8 ÷ 2 = _____	2 ÷ 2 = _____
10 ÷ 2 = _____	15 ÷ 5 = _____	120 ÷ 10 = _____	22 ÷ 2 = _____
60 ÷ 5 = _____	6 ÷ 2 = _____	40 ÷ 5 = _____	20 ÷ 2 = _____
20 ÷ 2 = _____	40 ÷ 5 = _____	20 ÷ 2 = _____	10 ÷ 5 = _____
22 ÷ 2 = _____	14 ÷ 2 = _____	35 ÷ 5 = _____	60 ÷ 5 = _____
50 ÷ 5 = _____	2 ÷ 2 = _____	30 ÷ 10 = _____	40 ÷ 10 = _____
20 ÷ 5 = _____	55 ÷ 5 = _____	20 ÷ 10 = _____	90 ÷ 10 = _____
55 ÷ 5 = _____	20 ÷ 10 = _____	10 ÷ 10 = _____	15 ÷ 5 = _____
4 ÷ 2 = _____	35 ÷ 5 = _____	15 ÷ 5 = _____	12 ÷ 2 = _____
2 ÷ 2 = _____	24 ÷ 2 = _____	24 ÷ 2 = _____	14 ÷ 2 = _____
80 ÷ 10 = _____	4 ÷ 2 = _____	45 ÷ 5 = _____	30 ÷ 10 = _____
60 ÷ 10 = _____	40 ÷ 10 = _____	90 ÷ 10 = _____	5 ÷ 5 = _____
30 ÷ 10 = _____	100 ÷ 10 = _____	50 ÷ 5 = _____	45 ÷ 5 = _____
40 ÷ 10 = _____	22 ÷ 2 = _____	22 ÷ 2 = _____	16 ÷ 2 = _____
14 ÷ 2 = _____	120 ÷ 10 = _____	5 ÷ 5 = _____	25 ÷ 5 = _____
Totaal = $\frac{\Box}{25}$	Totaal = $\frac{\Box}{25}$	Totaal = $\frac{\Box}{25}$	Totaal = $\frac{\Box}{25}$

2, 5 en 10 Maaltafels – Woordprobleme

Oefening 21

1. Johan en Nadia het saam hul verjaarsdagpartytjie. Vir die speletjies is daar tien kinders en hul het elk twee ballonne nodig. Hoeveel ballonne het hul in totaal nodig? _____

2. Lukas kry twee tydskrifte 'n maand, vir twaalf maande. Hoeveel tydskrifte het hy ontvang na twaalf maande? _____

3. Die laerskool wat Carla bywoon, het vyf netbalspanne. As hul elk sewe spelers het, hoeveel netbal spelers is daar? _____

4. Een pakkie sjokolade bevat vyf sjokoladestafies. Hoeveel pakkies word benodig as jy vir 45 mense elk een stafie wil gee? _____

5. 'n Multi-pak aartappelskyfies bevat agt individuele pakkies skyfies. Hoeveel pakkies skyfies is daar in twee multi-pakke? _____

6. Rohan, Tinus en Anika ontvang elk vyf boeke vir Kersfees. Hoeveel boeke het hul gesamentlik ontvang? _____

7. Madelyn benodig vyf-en-twintig skroewe om die tafel wat sy maak te voltooi. As skroewe in pakkies van vyf voorkom, hoeveel pakkies benodig sy? _____

8. Riaan spaar tien rand per week. Hoeveel het hy gespaar na nege weke? _____

9. Die appels kos 5 sent elk by die plaaslike winkel. Hoeveel gaan dit jou kos om elf appels in totaal te koop? _____

10. 'n Dosyn (12) eiers kos 60 sent. Hoeveel kos elke eier? _____

Totaal $= \dfrac{\square}{10}$

Vordering Sover

Kyk net hoeveel van die maaltafels jy reeds ken. Goeie werk. Hou so aan. ☺

Een	Twee	Drie	Vier
1 x 1 = 1	1 x 2 = 2	1 x 3 = 3	1 x 4 = 4
2 x 1 = 2	2 x 2 = 4	2 x 3 = 6	2 x 4 = 8
3 x 1 = 3	3 x 2 = 6	3 x 3 = 9	3 x 4 = 12
4 x 1 = 4	4 x 2 = 8	4 x 3 = 12	4 x 4 = 16
5 x 1 = 5	5 x 2 = 10	5 x 3 = 15	5 x 4 = 20
6 x 1 = 6	6 x 2 = 12	6 x 3 = 18	6 x 4 = 24
7 x 1 = 7	7 x 2 = 14	7 x 3 = 21	7 x 4 = 28
8 x 1 = 8	8 x 2 = 16	8 x 3 = 24	8 x 4 = 32
9 x 1 = 9	9 x 2 = 18	9 x 3 = 27	9 x 4 = 36
10 x 1 = 10	10 x 2 = 20	10 x 3 = 30	10 x 4 = 40
11 x 1 = 11	11 x 2 = 22	11 x 3 = 33	11 x 4 = 44
12 x 1 = 12	12 x 2 = 24	12 x 3 = 36	12 x 4 = 48

Vyf	Ses	Sewe	Agt
1 x 5 = 5	1 x 6 = 6	1 x 7 = 7	1 x 8 = 8
2 x 5 = 10	2 x 6 = 12	2 x 7 = 14	2 x 8 = 16
3 x 5 = 15	3 x 6 = 18	3 x 7 = 21	3 x 8 = 24
4 x 5 = 20	4 x 6 = 24	4 x 7 = 28	4 x 8 = 32
5 x 5 = 25	5 x 6 = 30	5 x 7 = 35	5 x 8 = 40
6 x 5 = 30	6 x 6 = 36	6 x 7 = 42	6 x 8 = 48
7 x 5 = 35	7 x 6 = 42	7 x 7 = 49	7 x 8 = 56
8 x 5 = 40	8 x 6 = 48	8 x 7 = 56	8 x 8 = 64
9 x 5 = 45	9 x 6 = 54	9 x 7 = 63	9 x 8 = 72
10 x 5 = 50	10 x 6 = 60	10 x 7 = 70	10 x 8 = 80
11 x 5 = 55	11 x 6 = 66	11 x 7 = 77	11 x 8 = 88
12 x 5 = 60	12 x 6 = 72	12 x 7 = 84	12 x 8 = 96

Nege	Tien	Elf	Twaalf
1 x 9 = 9	1 x 10 = 10	1 x 11 = 11	1 x 12 = 12
2 x 9 = 18	2 x 10 = 20	2 x 11 = 22	2 x 12 = 24
3 x 9 = 27	3 x 10 = 30	3 x 11 = 33	3 x 12 = 36
4 x 9 = 36	4 x 10 = 40	4 x 11 = 44	4 x 12 = 48
5 x 9 = 45	5 x 10 = 50	5 x 11 = 55	5 x 12 = 60
6 x 9 = 54	6 x 10 = 60	6 x 11 = 66	6 x 12 = 72
7 x 9 = 63	7 x 10 = 70	7 x 11 = 77	7 x 12 = 84
8 x 9 = 72	8 x 10 = 80	8 x 11 = 88	8 x 12 = 96
9 x 9 = 81	9 x 10 = 90	9 x 11 = 99	9 x 12 = 108
10 x 9 = 90	10 x 10 = 100	10 x 11 = 110	10 x 12 = 120
11 x 9 = 99	11 x 10 = 110	11 x 11 = 121	11 x 12 = 132
12 x 9 = 108	12 x 10 = 120	12 x 11 = 132	12 x 12 = 144

Blaai om vir die drie, vier en ses maaltafels.

Drie Maaltafel – Skryf, Bedek, Merk

Vir al die getalle in die drie maaltafel; wanneer jy die getalle van die antwoord bymekaar tel, is die antwoord altyd drie, ses of nege.

Byvoorbeeld
$5 \times 3 = 15$ $1 + 5 = 6$
$6 \times 3 = 18$ $1 + 8 = 9$
$7 \times 3 = 21$ $2 + 1 = 3$

Wanneer ek 'n antwoord met meer as twee getalle kry, hou ek aan om die getalle met mekaar op te tel totdat ek 'n enkele getal oor het.

Byvoorbeeld $13 \times 3 = 39$ $3 + 9 = 12$ So ek herhaal $1 + 2 = 3$

$1 \times 3 = 3$	_____	_____	$3 \div 3 = $ _____
$2 \times 3 = 6$	_____	_____	$6 \div 3 = $ _____
$3 \times 3 = 9$	_____	_____	$9 \div 3 = $ _____
$4 \times 3 = 12$	_____	_____	$12 \div 3 = $ _____
$5 \times 3 = 15$	_____	_____	$15 \div 3 = $ _____
$6 \times 3 = 18$	_____	_____	$18 \div 3 = $ _____
$7 \times 3 = 21$	_____	_____	$21 \div 3 = $ _____
$8 \times 3 = 24$	_____	_____	$24 \div 3 = $ _____
$9 \times 3 = 27$	_____	_____	$27 \div 3 = $ _____
$10 \times 3 = 30$	_____	_____	$30 \div 3 = $ _____
$11 \times 3 = 33$	_____	_____	$33 \div 3 = $ _____
$12 \times 3 = 36$	_____	_____	$36 \div 3 = $ _____

Totaal $= \dfrac{\square}{12}$ Totaal $= \dfrac{\square}{12}$

Drie Maaltafel - Oefeninge

Oefening 22

0 x 3 = _____
6 x 3 = _____
3 x 3 = _____
2 x 3 = _____
10 x 3 = _____
3 x 3 = _____
9 x 3 = _____
3 x 1 = _____
3 x 11 = _____
3 x 12 = _____
1 x 3 = _____
5 x 3 = _____
3 x 6 = _____
11 x 3 = _____
3 x 4 = _____
7 x 3 = _____
3 x 5 = _____
3 x 2 = _____
8 x 3 = _____
3 x 9 = _____
12 x 3 = _____
3 x 7 = _____
4 x 3 = _____
3 x 10 = _____
3 x 8 = _____

Totaal $= \dfrac{\square}{25}$

Oefening 23

7 x 3 = _____
1 x 3 = _____
2 x 3 = _____
3 x 3 = _____
3 x 5 = _____
11 x 3 = _____
6 x 3 = _____
3 x 4 = _____
12 x 3 = _____
10 x 3 = _____
4 x 3 = _____
8 x 3 = _____
3 x 10 = _____
3 x 8 = _____
3 x 12 = _____
3 x 11 = _____
9 x 3 = _____
3 x 1 = _____
3 x 3 = _____
3 x 2 = _____
3 x 6 = _____
3 x 7 = _____
0 x 3 = _____
5 x 3 = _____
3 x 9 = _____

Totaal $= \dfrac{\square}{25}$

Oefening 24

3 x 10 = _____
11 x 3 = _____
3 x 3 = _____
5 x 3 = _____
3 x 12 = _____
10 x 3 = _____
9 x 3 = _____
1 x 3 = _____
3 x 11 = _____
3 x 8 = _____
8 x 3 = _____
3 x 9 = _____
3 x 5 = _____
0 x 3 = _____
3 x 2 = _____
12 x 3 = _____
3 x 7 = _____
3 x 3 = _____
4 x 3 = _____
7 x 3 = _____
3 x 1 = _____
2 x 3 = _____
3 x 6 = _____
3 x 4 = _____
6 x 3 = _____

Totaal $= \dfrac{\square}{25}$

Oefening 25

18 ÷ 3 = _____
9 ÷ 3 = _____
21 ÷ 3 = _____
33 ÷ 3 = _____
36 ÷ 3 = _____
6 ÷ 3 = _____
12 ÷ 3 = _____
24 ÷ 3 = _____
21 ÷ 3 = _____
15 ÷ 3 = _____
33 ÷ 3 = _____
3 ÷ 3 = _____
36 ÷ 3 = _____
18 ÷ 3 = _____
3 ÷ 3 = _____
30 ÷ 3 = _____
24 ÷ 3 = _____
27 ÷ 3 = _____
12 ÷ 3 = _____
6 ÷ 3 = _____
3 ÷ 1 = _____
27 ÷ 3 = _____
9 ÷ 3 = _____
30 ÷ 3 = _____
15 ÷ 3 = _____

Totaal $= \dfrac{\square}{25}$

Vier Maaltafel – Skryf, Bedek, Merk

Elke tweede getal in die twee maaltafel is in die vier maaltafel. So as jy die antwoord vergeet van een som van die vier maaltafel, kan jy dit twee keer met twee vermenigvuldig. Byvoorbeeld, as ek vergeet het wat 3 x 4 is, kan ek 3 met 2 vermenigvuldig en 6 kry, my antwoord (6) met 2 vermenigvuldig en 12 kry.

1 x 4 = 4	_____	_____	4 ÷ 4 = ____
2 x 4 = 8	_____	_____	8 ÷ 4 = ____
3 x 4 = 12	_____	_____	12 ÷ 4 = ____
4 x 4 = 16	_____	_____	16 ÷ 4 = ____
5 x 4 = 20	_____	_____	20 ÷ 4 = ____
6 x 4 = 24	_____	_____	24 ÷ 4 = ____
7 x 4 = 28	_____	_____	28 ÷ 4 = ____
8 x 4 = 32	_____	_____	32 ÷ 4 = ____
9 x 4 = 36	_____	_____	36 ÷ 4 = ____
10 x 4 = 40	_____	_____	40 ÷ 4 = ____
11 x 4 = 44	_____	_____	44 ÷ 4 = ____
12 x 4 = 48	_____	_____	48 ÷ 4 = ____

Totaal $= \dfrac{\square}{12}$ Totaal $= \dfrac{\square}{12}$

Vier Maaltafel - Oefeninge

Oefening 26

4 x 9 = _____
2 x 4 = _____
4 x 1 = _____
9 x 4 = _____
4 x 6 = _____
3 x 4 = _____
11 x 4 = _____
6 x 4 = _____
7 x 4 = _____
4 x 7 = _____
1 x 4 = _____
4 x 8 = _____
4 x 2 = _____
5 x 4 = _____
10 x 4 = _____
8 x 4 = _____
4 x 11 = _____
4 x 4 = _____
4 x 12 = _____
4 x 10 = _____
4 x 4 = _____
4 x 5 = _____
4 x 3 = _____
0 x 4 = _____
12 x 4 = _____

Totaal $= \frac{\square}{25}$

Oefening 27

5 x 4 = _____
4 x 9 = _____
4 x 2 = _____
12 x 4 = _____
3 x 4 = _____
11 x 4 = _____
2 x 4 = _____
4 x 10 = _____
4 x 4 = _____
4 x1 = _____
4 x 8 = _____
4 x 7 = _____
4 x 6 = _____
8 x 4 = _____
4 x 3 = _____
4 x 5 = _____
4 x 11 = _____
1 x 4 = _____
7 x 4 = _____
10 x 4 = _____
0 x 4 = _____
4 x 12 = _____
6 x 4 = _____
4 x 4 = _____
9 x 4 = _____

Totaal $= \frac{\square}{25}$

Oefening 28

10 x 4 = _____
4 x 6 = _____
4 x 9 = _____
4 x 4 = _____
9 x 4 = _____
6 x 4 = _____
4 x 3 = _____
0 x 4 = _____
4 x 5 = _____
4 x 8 = _____
4 x 7 = _____
4 x 2 = _____
7 x 4 = _____
5 x 4 = _____
3 x 4 = _____
4 x 10 = _____
2 x 4 = _____
11 x 4 = _____
1 x 4 = _____
4 x 11 = _____
4 x 4 = _____
4 x 12 = _____
12 x 4 = _____
4 x 1 = _____
8 x 4 = _____

Totaal $= \frac{\square}{25}$

Oefening 29

4 ÷ 4 = _____
36 ÷ 4 = _____
24 ÷ 4 = _____
16 ÷ 4 = _____
44 ÷ 4 = _____
4 ÷ 1 = _____
48 ÷ 4 = _____
28 ÷ 4 = _____
20 ÷ 4 = _____
8 ÷ 4 = _____
32 ÷ 4 = _____
8 ÷ 4 = _____
32 ÷ 4 = _____
28 ÷ 4 = _____
12 ÷ 4 = _____
40 ÷ 4 = _____
48 ÷ 4 = _____
4 ÷ 4 = _____
12 ÷ 4 = _____
44 ÷ 4 = _____
16 ÷ 4 = _____
24 ÷ 4 = _____
20 ÷ 4 = _____
36 ÷ 4 = _____
40 ÷ 4 = _____

Totaal $= \frac{\square}{25}$

Ses Maaltafel – Skryf, Bedek, Merk

Al die nommers in die ses maaltafel moet in albei die twee en drie maaltafels wees. Met ander woorde as ek een van my ses maaltafels vergeet het, kan ek dit vermenigvuldig met 3 en dan met 2. Dus, as ek vergeet het wat 4 x 6 is, kan ek 4 met 2 vermenigvuldig, wat vir my 8 gee, en die antwoord (8) met 3 vermenigvuldig om by 24 uit te kom.

1 x 6 = 6	_____	_____	6 ÷ 6 = _____
2 x 6 = 12	_____	_____	12 ÷ 6 = _____
3 x 6 = 18	_____	_____	18 ÷ 6 = _____
4 x 6 = 24	_____	_____	24 ÷ 6 = _____
5 x 6 = 30	_____	_____	30 ÷ 6 = _____
6 x 6 = 36	_____	_____	36 ÷ 6 = _____
7 x 6 = 42	_____	_____	42 ÷ 6 = _____
8 x 6 = 48	_____	_____	48 ÷ 6 = _____
9 x 6 = 54	_____	_____	54 ÷ 6 = _____
10 x 6 = 60	_____	_____	60 ÷ 6 = _____
11 x 6 = 66	_____	_____	66 ÷ 6 = _____
12 x 6 = 72	_____	_____	72 ÷ 6 = _____

Totaal $= \dfrac{\square}{12}$ Totaal $= \dfrac{\square}{12}$

Ses Maaltafel - Oefeninge

Oefening 30

8 x 6 = _____
6 x 1 = _____
6 x 11 = _____
5 x 6 = _____
10 x 6 = _____
4 x 6 = _____
11 x 6 = _____
6 x 6 = _____
2 x 6 = _____
6 x 9 = _____
1 x 6 = _____
6 x 8 = _____
6 x 10 = _____
6 x 5 = _____
12 x 6 = _____
3 x 6 = _____
6 x 4 = _____
6 x 3 = _____
7 x 6 = _____
9 x 6 = _____
6 x 6 = _____
6 x 7 = _____
6 x 12 = _____
0 x 6 = _____
6 x 2 = _____

Totaal $= \dfrac{\square}{25}$

Oefening 31

6 x 6 = _____
6 x 8 = _____
6 x 1 = _____
7 x 6 = _____
1 x 6 = _____
0 x 6 = _____
6 x 11 = _____
12 x 6 = _____
6 x 7 = _____
11 x 6 = _____
6 x 10 = _____
4 x 6 = _____
2 x 6 = _____
6 x 6 = _____
6 x 5 = _____
6 x 9 = _____
10 x 6 = _____
9 x 6 = _____
6 x 4 = _____
5 x 6 = _____
6 x 12 = _____
6 x 3 = _____
8 x 6 = _____
6 x 2 = _____
3 x 6 = _____

Totaal $= \dfrac{\square}{25}$

Oefening 32

6 x 8 = _____
6 x 3 = _____
6 x 9 = _____
10 x 6 = _____
12 x 6 = _____
6 x 10 = _____
7 x 6 = _____
11 x 6 = _____
6 x 4 = _____
6 x 6 = _____
3 x 6 = _____
6 x 1 = _____
1 x 6 = _____
5 x 6 = _____
6 x 12 = _____
6 x 2 = _____
2 x 6 = _____
0 x 6 = _____
6 x 7 = _____
6 x 5 = _____
6 x 11 = _____
6 x 6 = _____
4 x 6 = _____
9 x 6 = _____
8 x 6 = _____

Totaal $= \dfrac{\square}{25}$

Oefening 33

48 ÷ 6 = _____
66 ÷ 6 = _____
42 ÷ 6 = _____
6 ÷ 6 = _____
60 ÷ 6 = _____
36 ÷ 6 = _____
30 ÷ 6 = _____
54 ÷ 6 = _____
6 ÷ 1 = _____
18 ÷ 6 = _____
66 ÷ 6 = _____
24 ÷ 6 = _____
12 ÷ 6 = _____
30 ÷ 6 = _____
54 ÷ 6 = _____
72 ÷ 6 = _____
6 ÷ 6 = _____
42 ÷ 6 = _____
12 ÷ 6 = _____
72 ÷ 6 = _____
60 ÷ 6 = _____
18 ÷ 6 = _____
24 ÷ 6 = _____
48 ÷ 6 = _____
36 ÷ 6 = _____

Totaal $= \dfrac{\square}{25}$

3, 4 en 6 Maaltafels – Oefeninge

Oefening 34

$8 \times 3 =$ _____
$2 \times 4 =$ _____
$2 \times 3 =$ _____
$3 \times 3 =$ _____
$6 \times 4 =$ _____
$9 \times 6 =$ _____
$9 \times 3 =$ _____
$3 \times 6 =$ _____
$11 \times 4 =$ _____
$7 \times 4 =$ _____
$11 \times 3 =$ _____
$9 \times 4 =$ _____
$10 \times 3 =$ _____
$3 \times 4 =$ _____
$7 \times 6 =$ _____
$5 \times 6 =$ _____
$7 \times 3 =$ _____
$1 \times 3 =$ _____
$2 \times 6 =$ _____
$6 \times 3 =$ _____
$8 \times 6 =$ _____
$10 \times 6 =$ _____
$4 \times 3 =$ _____
$8 \times 4 =$ _____
$5 \times 4 =$ _____

Totaal $= \dfrac{\square}{25}$

Oefening 35

$5 \times 3 =$ _____
$12 \times 6 =$ _____
$4 \times 6 =$ _____
$12 \times 3 =$ _____
$6 \times 6 =$ _____
$12 \times 4 =$ _____
$4 \times 4 =$ _____
$1 \times 4 =$ _____
$11 \times 6 =$ _____
$1 \times 6 =$ _____
$10 \times 4 =$ _____
$2 \times 4 =$ _____
$11 \times 4 =$ _____
$4 \times 3 =$ _____
$11 \times 3 =$ _____
$1 \times 4 =$ _____
$8 \times 4 =$ _____
$6 \times 4 =$ _____
$10 \times 3 =$ _____
$9 \times 4 =$ _____
$1 \times 3 =$ _____
$4 \times 6 =$ _____
$7 \times 4 =$ _____
$3 \times 4 =$ _____
$3 \times 6 =$ _____

Totaal $= \dfrac{\square}{25}$

Oefening 36

$10 \times 6 =$ _____
$6 \times 3 =$ _____
$6 \times 6 =$ _____
$5 \times 3 =$ _____
$7 \times 3 =$ _____
$4 \times 4 =$ _____
$12 \times 3 =$ _____
$2 \times 6 =$ _____
$3 \times 3 =$ _____
$5 \times 6 =$ _____
$7 \times 6 =$ _____
$2 \times 3 =$ _____
$12 \times 4 =$ _____
$8 \times 3 =$ _____
$5 \times 4 =$ _____
$8 \times 6 =$ _____
$10 \times 4 =$ _____
$1 \times 6 =$ _____
$11 \times 6 =$ _____
$9 \times 6 =$ _____
$9 \times 3 =$ _____
$12 \times 6 =$ _____
$7 \times 6 =$ _____
$11 \times 4 =$ _____
$6 \times 8 =$ _____

Totaal $= \dfrac{\square}{25}$

Oefening 37

$9 \div 3 =$ _____
$33 \div 3 =$ _____
$27 \div 3 =$ _____
$15 \div 3 =$ _____
$8 \div 4 =$ _____
$30 \div 3 =$ _____
$16 \div 4 =$ _____
$4 \div 4 =$ _____
$36 \div 4 =$ _____
$6 \div 3 =$ _____
$18 \div 6 =$ _____
$44 \div 4 =$ _____
$60 \div 6 =$ _____
$48 \div 6 =$ _____
$32 \div 4 =$ _____
$36 \div 6 =$ _____
$20 \div 4 =$ _____
$3 \div 3 =$ _____
$36 \div 3 =$ _____
$40 \div 4 =$ _____
$42 \div 6 =$ _____
$54 \div 6 =$ _____
$24 \div 6 =$ _____
$24 \div 3 =$ _____
$12 \div 4 =$ _____

Totaal $= \dfrac{\square}{25}$

3, 4 en 6 Maaltafels – Woordprobleme

Oefening 38

1. As een CD 4 rand kos, hoeveel sal ses CD's kos?   _____

2. Natasha het 24 rand. Hoeveel speelgoed kan sy koop as die speelgoed 3 rand elk kos? _____

3. Susan, Rene en Anette het elk ses plakkers. Hoeveel plakkers het hulle altesaam?   _____

4. Magda hou daarvan om spotprente te teken. As Magda vier prentjies op een bladsy kan pas, hoeveel bladsye het sy nodig om 36 prentjies te kan teken?   _____

5. Jaco is goed met tikwerk. Hy kan een bladsy in 3 minute tik. As hy 36 minute het, hoeveel bladsye kan hy tik?   _____

6. By 'n skoolfees word lekkers verkoop in sakkies van vier. Ryno koop agt sakkies vir sy vriende. Hoeveel lekkers het hulle?   _____

7. 'n Juffrou organiseer 'n sporttoernooi. As daar dertig leerlinge is, hoeveel groepe van ses kan gemaak word?   _____

8. 'n Seshoek het ses kante. Hoeveel kante in totaal sal sewe seshoeke hê?   _____

9. Een houer bevat drie kratte. Elke krat bevat vier bottels. Hoeveel bottels sal daar wees in ses houers?   _____

10. 'n Karton lemoensap bevat 6 koppies. Hoeveel kartonne lemoensap benodig jy om 48 koppies te vul?   _____

$$\text{Totaal} = \frac{\square}{10}$$

Vordering Sover

Jy het nou meer as 80% van die maaltafels geleer. Goeie werk. Hou so aan. ☺

Een	Twee	Drie	Vier
1 x 1 = 1	1 x 2 = 2	1 x 3 = 3	1 x 4 = 4
2 x 1 = 2	2 x 2 = 4	2 x 3 = 6	2 x 4 = 8
3 x 1 = 3	3 x 2 = 6	3 x 3 = 9	3 x 4 = 12
4 x 1 = 4	4 x 2 = 8	4 x 3 = 12	4 x 4 = 16
5 x 1 = 5	5 x 2 = 10	5 x 3 = 15	5 x 4 = 20
6 x 1 = 6	6 x 2 = 12	6 x 3 = 18	6 x 4 = 24
7 x 1 = 7	7 x 2 = 14	7 x 3 = 21	7 x 4 = 28
8 x 1 = 8	8 x 2 = 16	8 x 3 = 24	8 x 4 = 32
9 x 1 = 9	9 x 2 = 18	9 x 3 = 27	9 x 4 = 36
10 x 1 = 10	10 x 2 = 20	10 x 3 = 30	10 x 4 = 40
11 x 1 = 11	11 x 2 = 22	11 x 3 = 33	11 x 4 = 44
12 x 1 = 12	12 x 2 = 24	12 x 3 = 36	12 x 4 = 48

Vyf	Ses	Sewe	Agt
1 x 5 = 5	1 x 6 = 6	1 x 7 = 7	1 x 8 = 8
2 x 5 = 10	2 x 6 = 12	2 x 7 = 14	2 x 8 = 16
3 x 5 = 15	3 x 6 = 18	3 x 7 = 21	3 x 8 = 24
4 x 5 = 20	4 x 6 = 24	4 x 7 = 28	4 x 8 = 32
5 x 5 = 25	5 x 6 = 30	5 x 7 = 35	5 x 8 = 40
6 x 5 = 30	6 x 6 = 36	6 x 7 = 42	6 x 8 = 48
7 x 5 = 35	7 x 6 = 42	7 x 7 = 49	7 x 8 = 56
8 x 5 = 40	8 x 6 = 48	8 x 7 = 56	8 x 8 = 64
9 x 5 = 45	9 x 6 = 54	9 x 7 = 63	9 x 8 = 72
10 x 5 = 50	10 x 6 = 60	10 x 7 = 70	10 x 8 = 80
11 x 5 = 55	11 x 6 = 66	11 x 7 = 77	11 x 8 = 88
12 x 5 = 60	12 x 6 = 72	12 x 7 = 84	12 x 8 = 96

Nege	Tien	Elf	Twaalf
1 x 9 = 9	1 x 10 = 10	1 x 11 = 11	1 x 12 = 12
2 x 9 = 18	2 x 10 = 20	2 x 11 = 22	2 x 12 = 24
3 x 9 = 27	3 x 10 = 30	3 x 11 = 33	3 x 12 = 36
4 x 9 = 36	4 x 10 = 40	4 x 11 = 44	4 x 12 = 48
5 x 9 = 45	5 x 10 = 50	5 x 11 = 55	5 x 12 = 60
6 x 9 = 54	6 x 10 = 60	6 x 11 = 66	6 x 12 = 72
7 x 9 = 63	7 x 10 = 70	7 x 11 = 77	7 x 12 = 84
8 x 9 = 72	8 x 10 = 80	8 x 11 = 88	8 x 12 = 96
9 x 9 = 81	9 x 10 = 90	9 x 11 = 99	9 x 12 = 108
10 x 9 = 90	10 x 10 = 100	10 x 11 = 110	10 x 12 = 120
11 x 9 = 99	11 x 10 = 110	11 x 11 = 121	11 x 12 = 132
12 x 9 = 108	12 x 10 = 120	12 x 11 = 132	12 x 12 = 144

Blaai om vir sewe, agt en nege maaltafels.

Sewe Maaltafel – Skryf, Bedek, Merk

Die sewe maaltafel lyk skrikwekkend, maar jy ken reeds almal behalwe vyf van hulle.

$1 \times 7 = 7$	_____	_____	$7 \div 7 =$ _____
$2 \times 7 = 14$	_____	_____	$14 \div 7 =$ _____
$3 \times 7 = 21$	_____	_____	$21 \div 7 =$ _____
$4 \times 7 = 28$	_____	_____	$28 \div 7 =$ _____
$5 \times 7 = 35$	_____	_____	$35 \div 7 =$ _____
$6 \times 7 = 42$	_____	_____	$42 \div 7 =$ _____
$7 \times 7 = 49$	_____	_____	$49 \div 7 =$ _____
$8 \times 7 = 56$	_____	_____	$56 \div 7 =$ _____
$9 \times 7 = 63$	_____	_____	$63 \div 7 =$ _____
$10 \times 7 = 70$	_____	_____	$70 \div 7 =$ _____
$11 \times 7 = 77$	_____	_____	$77 \div 7 =$ _____
$12 \times 7 = 84$	_____	_____	$84 \div 7 =$ _____

Totaal $= \dfrac{\square}{12}$ Totaal $= \dfrac{\square}{12}$

Sewe Maaltafel - Oefeninge

Oefening 39

7 x 6 = _____
5 x 7 = _____
10 x 7 = _____
7 x 7 = _____
7 x 4 = _____
7 x 9 = _____
0 x 7 = _____
7 x 11 = _____
1 x 7 = _____
7 x 5 = _____
6 x 7 = _____
7 x 2 = _____
8 x 7 = _____
12 x 7 = _____
4 x 7 = _____
7 x 10 = _____
3 x 7 = _____
7 x 1 = _____
11 x 7 = _____
7 x 8 = _____
9 x 7 = _____
7 x 12 = _____
2 x 7 = _____
7 x 3 = _____
7 x 7 = _____

Totaal $= \dfrac{\Box}{25}$

Oefening 40

7 x 2 = _____
7 x 9 = _____
7 x 3 = _____
1 x 7 = _____
7 x 5 = _____
5 x 7 = _____
7 x 8 = _____
4 x 7 = _____
10 x 7 = _____
3 x 7 = _____
7 x 11 = _____
6 x 7 = _____
12 x 7 = _____
7 x 4 = _____
7 x 1 = _____
7 x 10 = _____
7 x 12 = _____
7 x 7 = _____
8 x 7 = _____
11 x 7 = _____
7 x 7 = _____
9 x 7 = _____
2 x 7 = _____
0 x 7 = _____
7 x 6 = _____

Totaal $= \dfrac{\Box}{25}$

Oefening 41

10 x 7 = _____
7 x 7 = _____
7 x 5 = _____
3 x 7 = _____
6 x 7 = _____
5 x 7 = _____
1 x 7 = _____
7 x 2 = _____
0 x 7 = _____
9 x 7 = _____
2 x 7 = _____
7 x 12 = _____
4 x 7 = _____
7 x 10 = _____
7 x 4 = _____
7 x 7 = _____
8 x 7 = _____
7 x 6 = _____
7 x 3 = _____
12 x 7 = _____
7 x 1 = _____
11 x 7 = _____
7 x 9 = _____
7 x 8 = _____
7 x 11 = _____

Totaal $= \dfrac{\Box}{25}$

Oefening 42

28 ÷ 7 = _____
56 ÷ 7 = _____
21 ÷ 7 = _____
70 ÷ 7 = _____
56 ÷ 7 = _____
35 ÷ 7 = _____
7 ÷ 7 = _____
77 ÷ 7 = _____
21 ÷ 7 = _____
70 ÷ 7 = _____
49 ÷ 7 = _____
63 ÷ 7 = _____
77 ÷ 7 = _____
42 ÷ 7 = _____
14 ÷ 7 = _____
1 ÷ 7 = _____
84 ÷ 7 = _____
35 ÷ 7 = _____
7 ÷ 7 = _____
84 ÷ 7 = _____
42 ÷ 7 = _____
28 ÷ 7 = _____
49 ÷ 7 = _____
14 ÷ 7 = _____
63 ÷ 7 = _____

Totaal $= \dfrac{\Box}{25}$

Agt Maaltafel – Skryf, Bedek, Merk

Die agt maaltafel bevat elke tweede nommer van die vier maaltafel.

$1 \times 8 = 8$	_____	_____	$8 \div 8 = $ _____
$2 \times 8 = 16$	_____	_____	$16 \div 8 = $ _____
$3 \times 8 = 24$	_____	_____	$24 \div 8 = $ _____
$4 \times 8 = 32$	_____	_____	$32 \div 8 = $ _____
$5 \times 8 = 40$	_____	_____	$40 \div 8 = $ _____
$6 \times 8 = 48$	_____	_____	$48 \div 8 = $ _____
$7 \times 8 = 56$	_____	_____	$56 \div 8 = $ _____
$8 \times 8 = 64$	_____	_____	$64 \div 8 = $ _____
$9 \times 8 = 72$	_____	_____	$72 \div 8 = $ _____
$10 \times 8 = 80$	_____	_____	$80 \div 8 = $ _____
$11 \times 8 = 88$	_____	_____	$88 \div 8 = $ _____
$12 \times 8 = 96$	_____	_____	$96 \div 8 = $ _____

Totaal $= \dfrac{\square}{12}$ Totaal $= \dfrac{\square}{12}$

Agt Maaltafel - Oefeninge

Oefening 43

12 x 8 = _____
4 x 8 = _____
9 x 8 = _____
6 x 8 = _____
8 x 8 = _____
10 x 8 = _____
8 x 6 = _____
2 x 8 = _____
0 x 8 = _____
8 x 8 = _____
8 x 12 = _____
8 x 7 = _____
7 x 8 = _____
11 x 8 = _____
8 x 9 = _____
3 x 8 = _____
5 x 8 = _____
8 x 1 = _____
8 x 3 = _____
8 x 4 = _____
8 x 10 = _____
8 x 2 = _____
8 x 11 = _____
1 x 8 = _____
8 x 5 = _____

Totaal $= \dfrac{\square}{25}$

Oefening 44

4 x 8 = _____
11 x 8 = _____
8 x 7 = _____
6 x 8 = _____
2 x 8 = _____
7 x 8 = _____
5 x 8 = _____
8 x 1 = _____
8 x 4 = _____
12 x 8 = _____
8 x 8 = _____
1 x 8 = _____
0 x 8 = _____
8 x 6 = _____
9 x 8 = _____
8 x 8 = _____
8 x 12 = _____
8 x 10 = _____
8 x 11 = _____
10 x 8 = _____
8 x 5 = _____
3 x 8 = _____
8 x 9 = _____
8 x 3 = _____
8 x 2 = _____

Totaal $= \dfrac{\square}{25}$

Oefening 45

8 x 3 = _____
2 x 8 = _____
5 x 8 = _____
8 x 10 = _____
8 x 11 = _____
4 x 8 = _____
8 x 8 = _____
8 x 2 = _____
8 x 6 = _____
8 x 9 = _____
10 x 8 = _____
8 x 12 = _____
1 x 8 = _____
7 x 8 = _____
12 x 8 = _____
8 x 1 = _____
8 x 8 = _____
8 x 4 = _____
11 x 8 = _____
8 x 7 = _____
6 x 8 = _____
3 x 8 = _____
0 x 8 = _____
8 x 5 = _____
9 x 8 = _____

Totaal $= \dfrac{\square}{25}$

Oefening 46

64 ÷ 8 = _____
80 ÷ 8 = _____
32 ÷ 8 = _____
96 ÷ 8 = _____
48 ÷ 8 = _____
40 ÷ 8 = _____
16 ÷ 8 = _____
24 ÷ 8 = _____
56 ÷ 8 = _____
80 ÷ 8 = _____
40 ÷ 8 = _____
96 ÷ 8 = _____
8 ÷ 1 = _____
88 ÷ 8 = _____
32 ÷ 8 = _____
88 ÷ 8 = _____
16 ÷ 8 = _____
72 ÷ 8 = _____
48 ÷ 8 = _____
8 ÷ 8 = _____
64 ÷ 8 = _____
56 ÷ 8 = _____
24 ÷ 8 = _____
8 ÷ 8 = _____
72 ÷ 8 = _____

Totaal $= \dfrac{\square}{25}$

Nege Maaltafel – Skryf, Bedek, Merk

Die nege maaltafel is een van die maklikstes. As jy die getalle van die nege maaltafel bymekaar tel kom dit by nege uit. Om die eerste 10 uit te werk, neem een van die nommers wat jy vermenigvuldig met nege - dit is die tien se plek. Volgende werk jy uit wat nodig sou wees, om by te voeg by hierdie nommer om nege te maak, en dit is jou eenhede.

Byvoorbeeld: 4 x 9 = ?   Trek eers 1 van 4 af, dit is 3. So 3 is my tien se plek.
Werk dan uit 3 + ? = 9.   3 + 6 = 9. Daarom: 4 x 9 = 36

1 x 9 = 9	_____	_____	9 ÷ 9 = _____
2 x 9 = 18	_____	_____	18 ÷ 9 = _____
3 x 9 = 27	_____	_____	27 ÷ 9 = _____
4 x 9 = 36	_____	_____	36 ÷ 9 = _____
5 x 9 = 45	_____	_____	45 ÷ 9 = _____
6 x 9 = 54	_____	_____	54 ÷ 9 = _____
7 x 9 = 63	_____	_____	63 ÷ 9 = _____
8 x 9 = 72	_____	_____	72 ÷ 9 = _____
9 x 9 = 81	_____	_____	81 ÷ 9 = _____
10 x 9 = 90	_____	_____	90 ÷ 9 = _____
11 x 9 = 99	_____	_____	99 ÷ 9 = _____
12 x 9 = 108	_____	_____	108 ÷ 9 = _____

Totaal $= \dfrac{\square}{12}$ Totaal $= \dfrac{\square}{12}$

Nege Maaltafel - Oefeninge

Oefening 47

9 x 6 = _____
9 x 9 = _____
12 x 9 = _____
9 x 9 = _____
7 x 9 = _____
0 x 9 = _____
9 x 10 = _____
11 x 9 = _____
9 x 1 = _____
5 x 9 = _____
9 x 2 = _____
9 x 12 = _____
9 x 11 = _____
9 x 7 = _____
6 x 9 = _____
1 x 9 = _____
9 x 3 = _____
9 x 8 = _____
4 x 9 = _____
9 x 5 = _____
9 x 4 = _____
10 x 9 = _____
8 x 9 = _____
3 x 9 = _____
2 x 9 = _____

Totaal = $\frac{\square}{25}$

Oefening 48

9 x 7 = _____
9 x 11 = _____
10 x 9 = _____
12 x 9 = _____
9 x 6 = _____
9 x 9 = _____
7 x 9 = _____
5 x 9 = _____
8 x 9 = _____
6 x 9 = _____
9 x 8 = _____
9 x 5 = _____
9 x 3 = _____
9 x 1 = _____
2 x 9 = _____
9 x 9 = _____
3 x 9 = _____
0 x 9 = _____
9 x 10 = _____
11 x 9 = _____
9 x 2 = _____
4 x 9 = _____
9 x 12 = _____
9 x 4 = _____
1 x 9 = _____

Totaal = $\frac{\square}{25}$

Oefening 49

10 x 9 = _____
9 x 12 = _____
9 x 9 = _____
6 x 9 = _____
12 x 9 = _____
2 x 9 = _____
4 x 9 = _____
9 x 6 = _____
9 x 4 = _____
9 x 8 = _____
3 x 9 = _____
9 x 2 = _____
9 x 11 = _____
1 x 9 = _____
7 x 9 = _____
9 x 3 = _____
9 x 9 = _____
9 x 7 = _____
9 x 1 = _____
8 x 9 = _____
0 x 9 = _____
9 x 5 = _____
11 x 9 = _____
5 x 9 = _____
9 x 10 = _____

Totaal = $\frac{\square}{25}$

Oefening 50

54 ÷ 9 = _____
63 ÷ 9 = _____
36 ÷ 9 = _____
18 ÷ 9 = _____
45 ÷ 9 = _____
81 ÷ 9 = _____
45 ÷ 9 = _____
90 ÷ 9 = _____
72 ÷ 9 = _____
36 ÷ 9 = _____
108 ÷ 9 = _____
72 ÷ 9 = _____
1 ÷ 9 = _____
54 ÷ 9 = _____
63 ÷ 9 = _____
99 ÷ 9 = _____
9 ÷ 9 = _____
27 ÷ 9 = _____
9 ÷ 9 = _____
81 ÷ 9 = _____
99 ÷ 9 = _____
18 ÷ 9 = _____
27 ÷ 9 = _____
108 ÷ 9 = _____
90 ÷ 9 = _____

Totaal = $\frac{\square}{25}$

7, 8 en 9 Maaltafels – Oefeninge

Oefening 51

5 x 8 = _____
5 x 7 = _____
3 x 9 = _____
2 x 7 = _____
6 x 7 = _____
8 x 7 = _____
7 x 9 = _____
8 x 8 = _____
7 x 8 = _____
10 x 8 = _____
12 x 8 = _____
2 x 8 = _____
6 x 9 = _____
7 x 7 = _____
4 x 9 = _____
2 x 9 = _____
12 x 9 = _____
11 x 8 = _____
1 x 8 = _____
9 x 8 = _____
10 x 7 = _____
3 x 8 = _____
1 x 9 = _____
9 x 7 = _____
11 x 7 = _____

Totaal $= \dfrac{\Box}{25}$

Oefening 52

4 x 7 = _____
1 x 7 = _____
10 x 9 = _____
4 x 8 = _____
8 x 9 = _____
9 x 9 = _____
6 x 8 = _____
12 x 7 = _____
5 x 9 = _____
11 x 9 = _____
3 x 7 = _____
12 x 7 = _____
4 x 9 = _____
6 x 7 = _____
5 x 8 = _____
4 x 8 = _____
2 x 8 = _____
9 x 7 = _____
9 x 9 = _____
1 x 8 = _____
8 x 8 = _____
7 x 9 = _____
5 x 7 = _____
1 x 9 = _____
2 x 7 = _____

Totaal $= \dfrac{\Box}{25}$

Oefening 53

10 x 8 = _____
11 x 8 = _____
8 x 9 = _____
3 x 9 = _____
3 x 7 = _____
7 x 8 = _____
11 x 9 = _____
6 x 8 = _____
12 x 9 = _____
9 x 8 = _____
10 x 7 = _____
6 x 9 = _____
1 x 7 = _____
7 x 7 = _____
5 x 9 = _____
11 x 7 = _____
10 x 9 = _____
8 x 7 = _____
12 x 8 = _____
4 x 7 = _____
2 x 9 = _____
3 x 8 = _____
4 x 7 = _____
12 x 9 = _____
7 x 8 = _____

Totaal $= \dfrac{\Box}{25}$

Oefening 54

77 ÷ 7 = _____
21 ÷ 7 = _____
18 ÷ 9 = _____
42 ÷ 7 = _____
24 ÷ 8 = _____
56 ÷ 7 = _____
99 ÷ 9 = _____
63 ÷ 9 = _____
84 ÷ 7 = _____
27 ÷ 9 = _____
72 ÷ 8 = _____
96 ÷ 8 = _____
32 ÷ 8 = _____
81 ÷ 9 = _____
8 ÷ 8 = _____
14 ÷ 7 = _____
64 ÷ 8 = _____
70 ÷ 7 = _____
40 ÷ 8 = _____
49 ÷ 7 = _____
90 ÷ 9 = _____
63 ÷ 7 = _____
88 ÷ 8 = _____
7 ÷ 7 = _____
108 ÷ 9 = _____

Totaal $= \dfrac{\Box}{25}$

7, 8 en 9 Maaltafels – Woordprobleme

Oefening 55

1. Nico het 84 kaarte. As hy dit opdeel tussen hom en 6 maats, hoeveel kaarte sal hulle elk kry? _____

2. 'n Een liter bottel limonade kan sewe koppies vul. Hoeveel bottels limonade is nodig om 56 koppies te vul?   _____

3. Die primêre skool is besig om 'n skoolkonsert te reël. Vier kinders sal gekies word uit elk van agt klasse. Hoeveel studente sal in die konsert wees?   _____

4. Die primêre skool het 'n prysuitdeling gedurende die saal periode. Van nege van die klasse is sewe-en-twintig toekennings uitgedeel. Hoeveel toekennings is vir elke klas uitgedeel?   _____

5. Leon is baie vinnig met die vrae van die maaltafels. As hy 63 vrae kan voltooi in nege minute, hoeveel vrae kan hy voltooi in een minuut?   _____

6. Jannie hou van lees. Vir sy verjaarsdag het hy 'n speurverhaal gekry. As hy agt bladsye elke dag lees, hoeveel bladsye sal hy in sewe dae lees?   _____

7. Jakobus is lief vir fietsry. As hy nege kilometers in 'n uur kan ry, hoeveel uur sal dit hom neem om 45 kilometers te ry?   _____

8. Twee vriende tel hul los sente vir 'n liefdadigheidsinsameling. Petra het agt rand. Hendrik het ses keer meer as Petra. Hoeveel het Hendrik in totaal?   _____

9. Een boks bevat ses pakkies. Elke pakkie bevat 2 koeldranke. Hoeveel koeldranke is daar in 8 boksies?   _____

10. Joanie en Ilse is besig om koekies te bak. As hulle ses brousels van 12 koekies bak, en hul deel dit tussen 9 mense, hoeveel koekies sal elke persoon kry?   _____

$$\text{Totaal} = \frac{\Box}{10}$$

Vordering Sover

Jy is amper daar. Daar is nog net vier maaltafels oor om te leer. ☺

Een	Twee	Drie	Vier
1 x 1 = 1	1 x 2 = 2	1 x 3 = 3	1 x 4 = 4
2 x 1 = 2	2 x 2 = 4	2 x 3 = 6	2 x 4 = 8
3 x 1 = 3	3 x 2 = 6	3 x 3 = 9	3 x 4 = 12
4 x 1 = 4	4 x 2 = 8	4 x 3 = 12	4 x 4 = 16
5 x 1 = 5	5 x 2 = 10	5 x 3 = 15	5 x 4 = 20
6 x 1 = 6	6 x 2 = 12	6 x 3 = 18	6 x 4 = 24
7 x 1 = 7	7 x 2 = 14	7 x 3 = 21	7 x 4 = 28
8 x 1 = 8	8 x 2 = 16	8 x 3 = 24	8 x 4 = 32
9 x 1 = 9	9 x 2 = 18	9 x 3 = 27	9 x 4 = 36
10 x 1 = 10	10 x 2 = 20	10 x 3 = 30	10 x 4 = 40
11 x 1 = 11	11 x 2 = 22	11 x 3 = 33	11 x 4 = 44
12 x 1 = 12	12 x 2 = 24	12 x 3 = 36	12 x 4 = 48

Vyf	Ses	Sewe	Agt
1 x 5 = 5	1 x 6 = 6	1 x 7 = 7	1 x 8 = 8
2 x 5 = 10	2 x 6 = 12	2 x 7 = 14	2 x 8 = 16
3 x 5 = 15	3 x 6 = 18	3 x 7 = 21	3 x 8 = 24
4 x 5 = 20	4 x 6 = 24	4 x 7 = 28	4 x 8 = 32
5 x 5 = 25	5 x 6 = 30	5 x 7 = 35	5 x 8 = 40
6 x 5 = 30	6 x 6 = 36	6 x 7 = 42	6 x 8 = 48
7 x 5 = 35	7 x 6 = 42	7 x 7 = 49	7 x 8 = 56
8 x 5 = 40	8 x 6 = 48	8 x 7 = 56	8 x 8 = 64
9 x 5 = 45	9 x 6 = 54	9 x 7 = 63	9 x 8 = 72
10 x 5 = 50	10 x 6 = 60	10 x 7 = 70	10 x 8 = 80
11 x 5 = 55	11 x 6 = 66	11 x 7 = 77	11 x 8 = 88
12 x 5 = 60	12 x 6 = 72	12 x 7 = 84	12 x 8 = 96

Nege	Tien	Elf	Twaalf
1 x 9 = 9	1 x 10 = 10	1 x 11 = 11	1 x 12 = 12
2 x 9 = 18	2 x 10 = 20	2 x 11 = 22	2 x 12 = 24
3 x 9 = 27	3 x 10 = 30	3 x 11 = 33	3 x 12 = 36
4 x 9 = 36	4 x 10 = 40	4 x 11 = 44	4 x 12 = 48
5 x 9 = 45	5 x 10 = 50	5 x 11 = 55	5 x 12 = 60
6 x 9 = 54	6 x 10 = 60	6 x 11 = 66	6 x 12 = 72
7 x 9 = 63	7 x 10 = 70	7 x 11 = 77	7 x 12 = 84
8 x 9 = 72	8 x 10 = 80	8 x 11 = 88	8 x 12 = 96
9 x 9 = 81	9 x 10 = 90	9 x 11 = 99	9 x 12 = 108
10 x 9 = 90	10 x 10 = 100	10 x 11 = 110	10 x 12 = 120
11 x 9 = 99	11 x 10 = 110	11 x 11 = 121	11 x 12 = 132
12 x 9 = 108	12 x 10 = 120	12 x 11 = 132	12 x 12 = 144

Blaai om vir die elf en twaalf maaltafels.

Elf Maaltafel – Skryf, Bedek, Merk

Vir die eerste nege van die elf maaltafel hoef jy net die nommer wat jy vermeerder, twee keer neer te skryf. Byvoorbeeld: 7 x 11 = ? Die nommer wat ek met elf vermenigvuldig is sewe, so ek skryf die nommer sewe, twee keer neer, wat vir my die antwoord 77 gee. Jy weet alreeds dat indien jy 'n nommer met 10 vermenigvuldig, jy 'n nul bysit (10 x 11 = 110). Dus los dit ons net met twee om te leer (11 x 11 en 11 x 12).

1 x 11 = 11	_____	_____	11 ÷ 11= _____
2 x 11 = 22	_____	_____	22 ÷ 11= _____
3 x 11 = 33	_____	_____	33 ÷ 11= _____
4 x 11 = 44	_____	_____	44 ÷ 11= _____
5 x 11 = 55	_____	_____	55 ÷ 11= _____
6 x 11 = 66	_____	_____	66 ÷ 11= _____
7 x 11 = 77	_____	_____	77 ÷ 11= _____
8 x 11 = 88	_____	_____	88 ÷ 11= _____
9 x 11 = 99	_____	_____	99 ÷ 11= _____
10 x 11 = 110	_____	_____	110 ÷ 11= _____
11 x 11 = 121	_____	_____	121 ÷ 11= _____
12 x 11 = 132	_____	_____	132 ÷ 11= _____

Totaal $= \dfrac{\square}{12}$ Totaal $= \dfrac{\square}{12}$

Elf Maaltafel - Oefeninge

Oefening 56	Oefening 57	Oefening 58	Oefening 59
10 x 11 = _____	11 x 10 = _____	11 x 2 = _____	33 ÷ 11 = _____
11 x 2 = _____	4 x 11 = _____	11 x 5 = _____	121 ÷ 11 = _____
8 x 11 = _____	11 x 12 = _____	11 x 1 = _____	132 ÷ 11 = _____
11 x 7 = _____	8 x 11 = _____	3 x 11 = _____	110 ÷ 11 = _____
11 x 11 = _____	11 x 9 = _____	11 x 12 = _____	11 ÷ 11 = _____
11 x 6 = _____	11 x 1 = _____	11 x 4 = _____	11 ÷ 1 = _____
1 x 11 = _____	7 x 11 = _____	5 x 11 = _____	44 ÷ 11 = _____
3 x 11 = _____	11 x 3 = _____	11 x 6 = _____	55 ÷ 11 = _____
12 x 11 = _____	12 x 11 = _____	11 x 11 = _____	77 ÷ 11 = _____
6 x 11 = _____	11 x 6 = _____	11 x 10 = _____	11 ÷ 11 = _____
11 x 5 = _____	11 x 11 = _____	9 x 11 = _____	22 ÷ 11 = _____
11 x 1 = _____	11 x 8 = _____	11 x 8 = _____	66 ÷ 11 = _____
2 x 11 = _____	11 x 7 = _____	11 x 7 = _____	55 ÷ 11 = _____
9 x 11 = _____	1 x 11 = _____	11 x 11 = _____	33 ÷ 11 = _____
11 x 8 = _____	11 x 2 = _____	11 x 8 = _____	22 ÷ 11 = _____
4 x 11 = _____	11 x 4 = _____	7 x 11 = _____	132 ÷ 11 = _____
11 x 11 = _____	6 x 11 = _____	1 x 11 = _____	110 ÷ 11 = _____
11 x 10 = _____	10 x 11 = _____	4 x 11 = _____	66 ÷ 11 = _____
7 x 11 = _____	2 x 11 = _____	0 x 11 = _____	88 ÷ 11 = _____
11 x 12 = _____	3 x 11 = _____	11 x 3 = _____	77 ÷ 11 = _____
0 x 11 = _____	9 x 11 = _____	12 x 11 = _____	44 ÷ 11 = _____
5 x 11 = _____	11 x 5 = _____	10 x 11 = _____	88 ÷ 11 = _____
11 x 4 = _____	5 x 11 = _____	6 x 11 = _____	99 ÷ 11 = _____
11 x 9 = _____	0 x 11 = _____	2 x 11 = _____	121 ÷ 11 = _____
11 x 3 = _____	11 x 11 = _____	11 x 9 = _____	99 ÷ 11 = _____
Totaal $= \frac{\Box}{25}$	Totaal $= \frac{\Box}{25}$	Totaal $= \frac{\Box}{25}$	Totaal $= \frac{\Box}{25}$

Twaalf Maaltafel – Skryf, Bedek, Merk

Jy het reeds hierdie maaltafel geleer behalwe 12 x 12, wat vir jou 144 gee.

$1 \times 12 = 12$	_____	_____	$12 \div 12 =$ _____
$2 \times 12 = 24$	_____	_____	$24 \div 12 =$ _____
$3 \times 12 = 36$	_____	_____	$36 \div 12 =$ _____
$4 \times 12 = 48$	_____	_____	$48 \div 12 =$ _____
$5 \times 12 = 60$	_____	_____	$60 \div 12 =$ _____
$6 \times 12 = 72$	_____	_____	$72 \div 12 =$ _____
$7 \times 12 = 84$	_____	_____	$84 \div 12 =$ _____
$8 \times 12 = 96$	_____	_____	$96 \div 12 =$ _____
$9 \times 12 = 108$	_____	_____	$108 \div 12 =$ _____
$10 \times 12 = 120$	_____	_____	$120 \div 12 =$ _____
$11 \times 12 = 132$	_____	_____	$132 \div 12 =$ _____
$12 \times 12 = 144$	_____	_____	$144 \div 12 =$ _____

Totaal $= \dfrac{\Box}{12}$ Totaal $= \dfrac{\Box}{12}$

Twaalf Maaltafel - Oefeninge

Oefening 60

11 x 12 = _____
9 x 12 = _____
12 x 10 = _____
2 x 12 = _____
6 x 12 = _____
12 x 3 = _____
12 x 2 = _____
10 x 12 = _____
12 x 4 = _____
12 x 8 = _____
12 x 12 = _____
12 x 1 = _____
12 x 7 = _____
3 x 12 = _____
12 x 9 = _____
12 x 12 = _____
1 x 12 = _____
7 x 12 = _____
12 x 5 = _____
0 x 12 = _____
12 x 11 = _____
5 x 12 = _____
8 x 12 = _____
12 x 6 = _____
4 x 12 = _____

Totaal $= \dfrac{\square}{25}$

Oefening 61

12 x 1 = _____
12 x 3 = _____
0 x 12 = _____
5 x 12 = _____
4 x 12 = _____
3 x 12 = _____
12 x 10 = _____
2 x 12 = _____
12 x 12 = _____
6 x 12 = _____
1 x 12 = _____
7 x 12 = _____
9 x 12 = _____
8 x 12 = _____
12 x 12 = _____
12 x 8 = _____
12 x 9 = _____
10 x 12 = _____
12 x 7 = _____
12 x 2 = _____
12 x 11 = _____
12 x 1 = _____
12 x 3 = _____
0 x 12 = _____
5 x 12 = _____

Totaal $= \dfrac{\square}{25}$

Oefening 62

10 x 12 = _____
4 x 12 = _____
7 x 12 = _____
6 x 12 = _____
12 x 5 = _____
12 x 1 = _____
12 x 10 = _____
2 x 12 = _____
0 x 12 = _____
12 x 4 = _____
12 x 11 = _____
8 x 12 = _____
3 x 12 = _____
12 x 7 = _____
12 x 4 = _____
11 x 12 = _____
9 x 12 = _____
1 x 12 = _____
5 x 12 = _____
12 x 6 = _____
12 x 2 = _____
12 x 8 = _____
4 x 12 = _____
7 x 12 = _____
6 x 12 = _____

Totaal $= \dfrac{\square}{25}$

Oefening 63

60 ÷ 12 = _____
84 ÷ 12 = _____
72 ÷ 12 = _____
36 ÷ 12 = _____
108 ÷ 12 = _____
84 ÷ 12 = _____
24 ÷ 12 = _____
48 ÷ 12 = _____
120 ÷ 12 = _____
96 ÷ 12 = _____
60 ÷ 12 = _____
12 ÷ 1 = _____
108 ÷ 12 = _____
12 ÷ 12 = _____
96 ÷ 12 = _____
132 ÷ 12 = _____
36 ÷ 12 = _____
144 ÷ 12 = _____
132 ÷ 12 = _____
12 ÷ 12 = _____
48 ÷ 12 = _____
24 ÷ 12 = _____
72 ÷ 12 = _____
144 ÷ 12 = _____
120 ÷ 12 = _____

Totaal $= \dfrac{\square}{25}$

11 en 12 Maaltafels – Oefeninge

Oefening 64

9 x 12 = _____
2 x 11 = _____
6 x 11 = _____
8 x 12 = _____
5 x 11 = _____
3 x 11 = _____
1 x 12 = _____
12 x 11 = _____
7 x 11 = _____
7 x 12 = _____
4 x 11 = _____
5 x 12 = _____
10 x 12 = _____
10 x 11 = _____
11 x 11 = _____
0 x 12 = _____
2 x 12 = _____
3 x 12 = _____
11 x 12 = _____
9 x 11 = _____
6 x 12 = _____
8 x 11 = _____
1 x 11 = _____
12 x 12 = _____
4 x 12 = _____

Totaal $= \dfrac{\Box}{25}$

Oefening 65

11 x 12 = _____
3 x 11 = _____
7 x 11 = _____
12 x 11 = _____
6 x 12 = _____
8 x 12 = _____
6 x 11 = _____
9 x 11 = _____
2 x 12 = _____
5 x 12 = _____
1 x 12 = _____
7 x 12 = _____
2 x 11 = _____
5 x 11 = _____
10 x 11 = _____
11 x 11 = _____
8 x 11 = _____
12 x 12 = _____
9 x 12 = _____
1 x 11 = _____
3 x 12 = _____
4 x 11 = _____
0 x 12 = _____
4 x 12 = _____
10 x 12 = _____

Totaal $= \dfrac{\Box}{25}$

Oefening 66

6 x 11 = _____
11 x 12 = _____
10 x 11 = _____
5 x 11 = _____
2 x 12 = _____
3 x 12 = _____
2 x 11 = _____
3 x 11 = _____
9 x 12 = _____
7 x 11 = _____
5 x 12 = _____
1 x 12 = _____
11 x 11 = _____
6 x 12 = _____
8 x 12 = _____
9 x 11 = _____
7 x 12 = _____
10 x 12 = _____
4 x 11 = _____
1 x 11 = _____
0 x 12 = _____
8 x 11 = _____
12 x 11 = _____
4 x 12 = _____
12 x 12 = _____

Totaal $= \dfrac{\Box}{25}$

Oefening 67

33 ÷ 11 = _____
24 ÷ 12 = _____
120 ÷ 12 = _____
132 ÷ 11 = _____
121 ÷ 11 = _____
88 ÷ 11 = _____
99 ÷ 11 = _____
48 ÷ 12 = _____
11 ÷ 11 = _____
22 ÷ 11 = _____
132 ÷ 12 = _____
144 ÷ 12 = _____
36 ÷ 12 = _____
108 ÷ 12 = _____
72 ÷ 12 = _____
84 ÷ 12 = _____
110 ÷ 11 = _____
12 ÷ 1 = _____
12 ÷ 12 = _____
44 ÷ 11 = _____
60 ÷ 12 = _____
96 ÷ 12 = _____
77 ÷ 11 = _____
55 ÷ 11 = _____
66 ÷ 11 = _____

Totaal $= \dfrac{\Box}{25}$

11 en 12 Maaltafels – Woordprobleme

Oefening 68

1. 'n Sjef benodig 84 eiers. Hoeveel dosyn eiers moet hy koop? ('n dosyn = 12) _____

2. As Gerhard tien appels in 'n minuut kan pluk, hoeveel appels kan hy pluk in twaalf minute?

   _____

3. Die primêre skool hou 'n markdag. Een stalletjie verkoop koekies vir 12 sent elk. Hoeveel sal dit kos vir vier koekies? _____

4. Die primêre skool het drie sokkerspanne. Elke sokkerspan het elf spelers. As al die sokkerspanne na 'n interskoletoernooi toe gaan, hoeveel studente mis klasse omdat hulle sokker speel? _____

5. Leandri vind die elf maaltafel maklik en kan 121 vrae in 11 minute antwoord. Hoeveel kan sy in een minuut antwoord? _____

6. Zach het 96 sjokolades om in sy partytjiesakkies te sit vir sy vriende. As hy 12 partytjiesakkies moet maak, wat is die grootste getal wat hy in elke sakkie kan sit? _____

7. Daar is 36 studente in Zelda se klas. Partytjiekoek kom in pakkies van 12. Hoeveel pakkies benodig Zelda as sy vir elke student 1 partytjiekoek gee? _____

8. Drie vriende tel motors wat verby hul ry in 'n uur se tyd, terwyl hul in die boomhuis sit. Hul het dit 12 keer gedoen en by 'n totaal van 108 uitgekom. Hoeveel motors het elke keer verby hul gery?

   _____

9. 'n Boks aarbeie bevat 12 bakkies. Elke bakkie bevat ses aarbeie. Hoeveel aarbeie is in 'n boks?

   _____

10. 'n Vliegtuig het 12 rye sitplekke. Elke ry het 4 sitplekke in die middel seksie en 2 aan elke kant (by die vensters). Hoeveel sitplekke is daar? _____

Totaal $= \dfrac{\square}{10}$

Baie Geluk

Jy het nou al jou maaltafels geleer.

Een	Twee	Drie	Vier
1 x 1 = 1	1 x 2 = 2	1 x 3 = 3	1 x 4 = 4
2 x 1 = 2	2 x 2 = 4	2 x 3 = 6	2 x 4 = 8
3 x 1 = 3	3 x 2 = 6	3 x 3 = 9	3 x 4 = 12
4 x 1 = 4	4 x 2 = 8	4 x 3 = 12	4 x 4 = 16
5 x 1 = 5	5 x 2 = 10	5 x 3 = 15	5 x 4 = 20
6 x 1 = 6	6 x 2 = 12	6 x 3 = 18	6 x 4 = 24
7 x 1 = 7	7 x 2 = 14	7 x 3 = 21	7 x 4 = 28
8 x 1 = 8	8 x 2 = 16	8 x 3 = 24	8 x 4 = 32
9 x 1 = 9	9 x 2 = 18	9 x 3 = 27	9 x 4 = 36
10 x 1 = 10	10 x 2 = 20	10 x 3 = 30	10 x 4 = 40
11 x 1 = 11	11 x 2 = 22	11 x 3 = 33	11 x 4 = 44
12 x 1 = 12	12 x 2 = 24	12 x 3 = 36	12 x 4 = 48

Vyf	Ses	Sewe	Agt
1 x 5 = 5	1 x 6 = 6	1 x 7 = 7	1 x 8 = 8
2 x 5 = 10	2 x 6 = 12	2 x 7 = 14	2 x 8 = 16
3 x 5 = 15	3 x 6 = 18	3 x 7 = 21	3 x 8 = 24
4 x 5 = 20	4 x 6 = 24	4 x 7 = 28	4 x 8 = 32
5 x 5 = 25	5 x 6 = 30	5 x 7 = 35	5 x 8 = 40
6 x 5 = 30	6 x 6 = 36	6 x 7 = 42	6 x 8 = 48
7 x 5 = 35	7 x 6 = 42	7 x 7 = 49	7 x 8 = 56
8 x 5 = 40	8 x 6 = 48	8 x 7 = 56	8 x 8 = 64
9 x 5 = 45	9 x 6 = 54	9 x 7 = 63	9 x 8 = 72
10 x 5 = 50	10 x 6 = 60	10 x 7 = 70	10 x 8 = 80
11 x 5 = 55	11 x 6 = 66	11 x 7 = 77	11 x 8 = 88
12 x 5 = 60	12 x 6 = 72	12 x 7 = 84	12 x 8 = 96

Nege	Tien	Elf	Twaalf
1 x 9 = 9	1 x 10 = 10	1 x 11 = 11	1 x 12 = 12
2 x 9 = 18	2 x 10 = 20	2 x 11 = 22	2 x 12 = 24
3 x 9 = 27	3 x 10 = 30	3 x 11 = 33	3 x 12 = 36
4 x 9 = 36	4 x 10 = 40	4 x 11 = 44	4 x 12 = 48
5 x 9 = 45	5 x 10 = 50	5 x 11 = 55	5 x 12 = 60
6 x 9 = 54	6 x 10 = 60	6 x 11 = 66	6 x 12 = 72
7 x 9 = 63	7 x 10 = 70	7 x 11 = 77	7 x 12 = 84
8 x 9 = 72	8 x 10 = 80	8 x 11 = 88	8 x 12 = 96
9 x 9 = 81	9 x 10 = 90	9 x 11 = 99	9 x 12 = 108
10 x 9 = 90	10 x 10 = 100	10 x 11 = 110	10 x 12 = 120
11 x 9 = 99	11 x 10 = 110	11 x 11 = 121	11 x 12 = 132
12 x 9 = 108	12 x 10 = 120	12 x 11 = 132	12 x 12 = 144

Blaai om vir gemengde oefeninge.

Gemengde Maaltafels - Oefeninge

Oefening 69

6 x 5 = _____

8 x 2 = _____

10 x 2 = _____

12 x 7 = _____

1 x 5 = _____

2 x 7 = _____

11 x 9 = _____

9 x 8 = _____

12 x 5 = _____

9 x 9 = _____

6 x 12 = _____

12 x 8 = _____

8 x 6 = _____

4 x 12 = _____

11 x 6 = _____

4 x 4 = _____

1 x 7 = _____

2 x 4 = _____

10 x 10 = _____

11 x 10 = _____

9 x 4 = _____

7 x 9 = _____

8 x 8 = _____

7 x 6 = _____

12 x 3 = _____

Totaal $= \frac{\Box}{25}$

Oefening 70

10 x 8 = _____

5 x 10 = _____

5 x 8 = _____

9 x 6 = _____

9 x 3 = _____

4 x 2 = _____

7 x 8 = _____

10 x 3 = _____

8 x 11 = _____

12 x 6 = _____

9 x 7 = _____

1 x 3 = _____

12 x 11 = _____

5 x 4 = _____

3 x 9 = _____

8 x 5 = _____

4 x 5 = _____

5 x 12 = _____

12 x 2 = _____

4 x 9 = _____

4 x 11 = _____

3 x 4 = _____

1 x 10 = _____

1 x 11 = _____

4 x 8 = _____

Totaal $= \frac{\Box}{25}$

Oefening 71

6 x 8 = _____

5 x 2 = _____

3 x 6 = _____

12 x 12 = _____

6 x 3 = _____

5 x 6 = _____

3 x 3 = _____

2 x 12 = _____

10 x 4 = _____

7 x 5 = _____

5 x 7 = _____

3 x 10 = _____

6 x 6 = _____

9 x 10 = _____

3 x 8 = _____

1 x 2 = _____

3 x 5 = _____

11 x 5 = _____

7 x 4 = _____

7 x 10 = _____

1 x 6 = _____

10 x 12 = _____

1 x 8 = _____

7 x 3 = _____

8 x 7 = _____

Totaal $= \frac{\Box}{25}$

Oefening 72

6 x 7 = _____

1 x 12 = _____

11 x 8 = _____

11 x 11 = _____

7 x 7 = _____

5 x 3 = _____

2 x 8 = _____

8 x 3 = _____

11 x 12 = _____

2 x 11 = _____

2 x 3 = _____

3 x 7 = _____

2 x 2 = _____

2 x 5 = _____

8 x 12 = _____

7 x 12 = _____

10 x 11 = _____

12 x 4 = _____

5 x 9 = _____

10 x 9 = _____

4 x 7 = _____

7 x 11 = _____

10 x 6 = _____

4 x 3 = _____

7 x 2 = _____

Totaal $= \frac{\Box}{25}$

Gemengde Maaltafels - Deel

Oefening 73

$12 \div 4 = $ _____

$6 \div 2 = $ _____

$36 \div 4 = $ _____

$54 \div 9 = $ _____

$121 \div 11 = $ _____

$24 \div 12 = $ _____

$8 \div 4 = $ _____

$20 \div 10 = $ _____

$81 \div 9 = $ _____

$21 \div 3 = $ _____

$48 \div 6 = $ _____

$72 \div 12 = $ _____

$50 \div 5 = $ _____

$25 \div 5 = $ _____

$132 \div 12 = $ _____

$96 \div 12 = $ _____

$11 \div 11 = $ _____

$2 \div 2 = $ _____

$120 \div 10 = $ _____

$44 \div 11 = $ _____

$40 \div 8 = $ _____

$4 \div 4 = $ _____

$18 \div 6 = $ _____

$40 \div 4 = $ _____

$24 \div 4 = $ _____

Totaal $= \dfrac{\square}{25}$

Oefening 74

$144 \div 12 = $ _____

$22 \div 2 = $ _____

$63 \div 9 = $ _____

$32 \div 8 = $ _____

$10 \div 10 = $ _____

$80 \div 10 = $ _____

$30 \div 3 = $ _____

$110 \div 11 = $ _____

$99 \div 9 = $ _____

$90 \div 9 = $ _____

$70 \div 10 = $ _____

$35 \div 5 = $ _____

$60 \div 6 = $ _____

$24 \div 8 = $ _____

$3 \div 3 = $ _____

$96 \div 8 = $ _____

$88 \div 11 = $ _____

$16 \div 4 = $ _____

$40 \div 5 = $ _____

$88 \div 8 = $ _____

$99 \div 11 = $ _____

$48 \div 12 = $ _____

$36 \div 6 = $ _____

$84 \div 12 = $ _____

$90 \div 10 = $ _____

Totaal $= \dfrac{\square}{25}$

Oefening 75

$45 \div 9 = $ _____

$32 \div 4 = $ _____

$54 \div 6 = $ _____

$42 \div 7 = $ _____

$48 \div 4 = $ _____

$50 \div 10 = $ _____

$15 \div 5 = $ _____

$16 \div 2 = $ _____

$72 \div 6 = $ _____

$18 \div 9 = $ _____

$6 \div 6 = $ _____

$66 \div 6 = $ _____

$36 \div 9 = $ _____

$10 \div 2 = $ _____

$22 \div 11 = $ _____

$56 \div 7 = $ _____

$28 \div 7 = $ _____

$70 \div 7 = $ _____

$108 \div 9 = $ _____

$30 \div 6 = $ _____

$36 \div 3 = $ _____

$60 \div 5 = $ _____

$14 \div 7 = $ _____

$80 \div 8 = $ _____

$18 \div 3 = $ _____

Totaal $= \dfrac{\square}{25}$

Oefening 76

$48 \div 8 = $ _____

$21 \div 7 = $ _____

$9 \div 3 = $ _____

$72 \div 9 = $ _____

$60 \div 10 = $ _____

$42 \div 6 = $ _____

$20 \div 2 = $ _____

$40 \div 10 = $ _____

$8 \div 8 = $ _____

$7 \div 7 = $ _____

$16 \div 8 = $ _____

$36 \div 12 = $ _____

$12 \div 3 = $ _____

$84 \div 7 = $ _____

$28 \div 4 = $ _____

$110 \div 10 = $ _____

$55 \div 5 = $ _____

$10 \div 5 = $ _____

$49 \div 7 = $ _____

$27 \div 9 = $ _____

$8 \div 2 = $ _____

$24 \div 6 = $ _____

$44 \div 4 = $ _____

$14 \div 2 = $ _____

$72 \div 8 = $ _____

Totaal $= \dfrac{\square}{25}$

Gemengde Maaltafels – Woordprobleme

1. Vier vriende geniet videospeletjies. Een vriend hou 'n partytjie en hulle almal bring speletjies saam. As daar 12 speletjies in totaal is, hoeveel speletjies het elke vriend gebring?   _____

2. In 40 minute maak drie vriende 27 kaartjies. Hoeveel kaartjies het elk gemaak?   _____

3. Ewald kry 10 rand sakgeld elke maand. Hoeveel verdien hy na 'n jaar? (12 maande) _____

4. Maryna en Marko geniet dit om te lees. Hul lees albei twee boeke weekliks. Hoeveel boeke lees hulle twee saam in ses weke?   _____

5. Annelien kan 84 bladsye per week lees. Indien sy dieselfde hoeveelheid bladsye lees per dag, hoeveel bladsye lees sy per dag?   _____

6. Lindie en Stebian is albei besig om 'n laaikas met vier laaie te bou. Elke laai benodig 12 skroewe. Hoeveel skroewe het hulle altesaam nodig?   _____

7. 'n Sak springmielies bevat 56 pitte. As dit regverdig verdeel word tussen agt mense, hoeveel pitte sal elke persoon kry?   _____

8. 'n Rombus het vier gelyke sye. Hoeveel kante in totaal sal 6 rombusse hê?   _____

9. Dit vat vier mense twaalf minute om 'n model vliegtuigie te bou. Hoe lank sal dit vir ses mense vat?

   _____

10. Anton geniet basketbal. As hy 48 doele in 12 minute kan gooi, hoeveel doele kan hy in drie minute gooi?   _____

Totaal $= \dfrac{\square}{10}$

Gemengde Maaltafels - Oefeninge

Oefening 78

10 x 8 = _____
9 x 4 = _____
7 x 3 = _____
2 x 3 = _____
6 x 6 = _____
4 x 11 = _____
12 x 2 = _____
11 x 8 = _____
6 x 5 = _____
4 x 6 = _____
4 x 8 = _____
5 x 6 = _____
5 x 10 = _____
11 x 9 = _____
5 x 8 = _____
4 x 12 = _____
3 x 5 = _____
2 x 10 = _____
11 x 4 = _____
9 x 3 = _____
3 x 4 = _____
12 x 12 = _____
8 x 7 = _____
12 x 6 = _____
9 x 7 = _____

Totaal $= \dfrac{\square}{25}$

Oefening 79

2 x 4 = _____
9 x 11 = _____
6 x 11 = _____
7 x 12 = _____
11 x 10 = _____
5 x 11 = _____
8 x 2 = _____
4 x 10 = _____
1 x 4 = _____
9 x 2 = _____
10 x 6 = _____
7 x 6 = _____
4 x 2 = _____
7 x 5 = _____
5 x 3 = _____
9 x 9 = _____
6 x 10 = _____
10 x 12 = _____
3 x 2 = _____
10 x 7 = _____
12 x 10 = _____
5 x 9 = _____
11 x 11 = _____
12 x 8 = _____
11 x 12 = _____

Totaal $= \dfrac{\square}{25}$

Oefening 80

3 x 7 = _____
8 x 4 = _____
7 x 2 = _____
4 x 5 = _____
3 x 10 = _____
2 x 12 = _____
2 x 6 = _____
2 x 11 = _____
12 x 5 = _____
8 x 9 = _____
8 x 5 = _____
7 x 7 = _____
11 x 6 = _____
10 x 3 = _____
12 x 7 = _____
7 x 8 = _____
10 x 10 = _____
5 x 5 = _____
1 x 9 = _____
9 x 6 = _____
5 x 4 = _____
6 x 12 = _____
11 x 7 = _____
1 x 6 = _____
8 x 3 = _____

Totaal $= \dfrac{\square}{25}$

Oefening 81

1 x 8 = _____
9 x 10 = _____
3 x 12 = _____
8 x 12 = _____
4 x 7 = _____
7 x 9 = _____
1 x 11 = _____
9 x 8 = _____
10 x 11 = _____
11 x 2 = _____
6 x 4 = _____
10 x 4 = _____
7 x 4 = _____
1 x 5 = _____
8 x 8 = _____
3 x 9 = _____
9 x 12 = _____
1 x 12 = _____
12 x 4 = _____
8 x 11 = _____
6 x 8 = _____
5 x 7 = _____
10 x 2 = _____
3 x 11 = _____
6 x 3 = _____

Totaal $= \dfrac{\square}{25}$

Gemengde Maaltafels - Deel

Oefening 82	Oefening 83	Oefening 84	Oefening 85
$32 \div 4 =$ _____	$21 \div 7 =$ _____	$55 \div 5 =$ _____	$36 \div 6 =$ _____
$8 \div 8 =$ _____	$96 \div 12 =$ _____	$16 \div 2 =$ _____	$9 \div 9 =$ _____
$30 \div 6 =$ _____	$40 \div 5 =$ _____	$36 \div 3 =$ _____	$63 \div 7 =$ _____
$77 \div 7 =$ _____	$144 \div 12 =$ _____	$35 \div 5 =$ _____	$72 \div 8 =$ _____
$4 \div 2 =$ _____	$110 \div 11 =$ _____	$15 \div 3 =$ _____	$6 \div 6 =$ _____
$88 \div 11 =$ _____	$7 \div 7 =$ _____	$18 \div 3 =$ _____	$28 \div 7 =$ _____
$60 \div 6 =$ _____	$21 \div 3 =$ _____	$15 \div 5 =$ _____	$14 \div 7 =$ _____
$56 \div 7 =$ _____	$48 \div 12 =$ _____	$24 \div 2 =$ _____	$132 \div 11 =$ _____
$56 \div 8 =$ _____	$40 \div 4 =$ _____	$55 \div 11 =$ _____	$81 \div 9 =$ _____
$42 \div 6 =$ _____	$27 \div 3 =$ _____	$30 \div 10 =$ _____	$2 \div 2 =$ _____
$10 \div 10 =$ _____	$54 \div 9 =$ _____	$88 \div 8 =$ _____	$8 \div 4 =$ _____
$33 \div 3 =$ _____	$44 \div 4 =$ _____	$12 \div 12 =$ _____	$77 \div 11 =$ _____
$44 \div 11 =$ _____	$72 \div 12 =$ _____	$84 \div 12 =$ _____	$63 \div 9 =$ _____
$25 \div 5 =$ _____	$72 \div 6 =$ _____	$48 \div 4 =$ _____	$12 \div 2 =$ _____
$121 \div 11 =$ _____	$60 \div 5 =$ _____	$33 \div 11 =$ _____	$96 \div 8 =$ _____
$12 \div 4 =$ _____	$100 \div 10 =$ _____	$70 \div 10 =$ _____	$48 \div 6 =$ _____
$10 \div 2 =$ _____	$45 \div 9 =$ _____	$3 \div 3 =$ _____	$90 \div 10 =$ _____
$40 \div 10 =$ _____	$20 \div 4 =$ _____	$20 \div 2 =$ _____	$80 \div 10 =$ _____
$6 \div 2 =$ _____	$64 \div 8 =$ _____	$28 \div 4 =$ _____	$12 \div 6 =$ _____
$108 \div 12 =$ _____	$18 \div 2 =$ _____	$36 \div 12 =$ _____	$5 \div 5 =$ _____
$22 \div 2 =$ _____	$66 \div 11 =$ _____	$6 \div 3 =$ _____	$60 \div 12 =$ _____
$24 \div 12 =$ _____	$30 \div 3 =$ _____	$49 \div 7 =$ _____	$27 \div 9 =$ _____
$84 \div 7 =$ _____	$18 \div 9 =$ _____	$40 \div 8 =$ _____	$14 \div 2 =$ _____
$66 \div 6 =$ _____	$11 \div 11 =$ _____	$120 \div 10 =$ _____	$24 \div 8 =$ _____
$42 \div 7 =$ _____	$20 \div 5 =$ _____	$30 \div 5 =$ _____	$90 \div 9 =$ _____
Totaal $= \dfrac{\square}{25}$	Totaal $= \dfrac{\square}{25}$	Totaal $= \dfrac{\square}{25}$	Totaal $= \dfrac{\square}{25}$

Gemengde Maaltafels – Woordprobleme

Oefening 86

1. Sjokolade blokkies kos 5 sent elk. Hoeveel sal 10 kos? _____

2. Drie vriende het altesaam 24 speelkarretjies. Hoeveel speelkarretjies het elke kind? _____

3. Die primêre skool het 'n reis vir hul talentvolle studente georganiseer. Vier kinders sal gekies word van elk van twaalf klasse. Hoeveel studente sal genooi word om te gaan? _____

4. Appels kom in sakke van agt. Dit kos 96 sent vir een sak. Hoeveel sal twee appels kos? _____

5. Elana maak juwele. Sy kan 'n hangertjie in tien minute maak. Sy moet vier hangertjies maak. Hoe lank gaan dit haar vat? _____

6. Barend geniet visvang. Hy slaag daarin om ses visse per uur te vang. Indien hy agt ure spandeer aan visvang, hoeveel visse sal hy vang? _____

7. 'n Motor ry teen 60 kilometer per uur. Hoe ver sal die motor gery het in tien minute? (Daar is sestig minute in een uur.) _____

8. Carolien ry haar fiets skool toe. Haar skool is 7 kilometer van haar huis af. Hoe ver ry sy skool toe en terug in vyf dae? _____

9. Wanneer 'n groep vriende hul inkleurpotlode saamgooi, het hul ses stelle van 12 potlode. Hoeveel potlode het hul altesaam? _____

10. Bernice hou 'n partytjie. Sy soek genoeg koeldrank om agt glase drie keer vol te kan maak. As 'n een liter bottel ses glase volmaak, hoeveel bottels het sy nodig? _____

$$\text{Totaal} = \frac{\square}{10}$$

Baie Geluk!!

Maaltafel Meester

Vir verdere oefeninge gaan na www.timestables.info of koop ons Maaltafels Oefen boek.

Antwoorde

Oefening 1	Oefening 3	Oefening 5	Oefening 7	Oefening 9	Oefening 11
12	14	25	25	120	20
18	6	40	5	70	10
14	16	5	30	80	70
4	4	15	40	50	80
8	16	30	45	20	70
18	10	10	30	100	120
6	20	30	55	60	100
0	22	60	20	30	60
4	18	5	55	70	90
22	12	15	10	40	110
6	10	25	60	90	50
16	8	50	35	10	50
2	4	20	20	50	60
12	14	40	50	120	110
20	20	55	40	100	100
2	24	20	35	40	20
14	18	35	15	110	40
22	8	10	50	60	30
10	6	55	60	0	90
20	22	50	10	90	120
24	24	0	5	10	40
16	2	45	25	20	80
10	12	35	0	80	30
24	2	45	15	110	10
8	0	60	45	30	0

Oefening 2	Oefening 4	Oefening 6	Oefening 8	Oefening 10	Oefening 12
16	10	15	5	10	8
14	7	55	7	30	5
6	2	25	12	50	12
24	9	15	11	120	10
18	6	20	10	30	12
14	1	30	6	90	1
6	4	35	2	40	9
8	11	0	8	50	2
18	5	25	9	110	10
10	10	30	6	60	3
12	4	35	7	20	6
22	3	20	5	70	5
20	2	5	8	40	4
24	8	60	10	70	8
2	11	10	2	100	4
0	12	5	1	0	6
8	8	45	3	10	7
4	2	45	9	100	2
10	6	40	4	20	9
16	5	60	11	80	3
4	1	50	1	120	8
22	7	40	12	80	5
2	9	55	3	60	12
12	12	10	4	90	10
20	3	50	5	110	12

Oefening 13	Oefening 15	Oefening 17	Oefening 19	Oefening 21	Oefening 23
20	2	7	2	20	21
35	30	4	5	24	3
16	12	5	11	35	6
22	15	9	12	9	9
50	10	6	5	16	15
10	22	3	6	15	33
80	110	12	7	5	18
20	20	2	9	90c	12
50	60	8	8	55c	36
18	10	7	5	5c	30
40	25	8	4		12
4	10	5	12		24
40	24	12	8		30
120	55	10	10		24
55	60	11	7		36
14	90	10	3		33
100	4	4	2		27
6	5	11	1		3
60	8	2	3		9
70	16	1	12		6
45	35	8	9		18
30	6	6	9		21
25	50	3	10		0
24	14	4	11		15
10	18	7	1		27

Oefening 14	Oefening 16	Oefening 18	Oefening 20	Oefening 22	Oefening 24
110	10	6	7	0	30
2	14	9	11	18	33
8	30	3	6	9	9
15	40	8	8	6	15
12	100	10	10	30	36
10	10	10	6	9	30
20	24	1	4	27	27
90	70	1	4	3	3
30	12	9	3	33	33
60	30	6	2	36	24
5	20	4	1	3	24
120	20	3	11	15	27
30	60	3	10	18	15
18	8	8	2	33	0
50	10	7	12	12	6
40	2	1	4	21	36
20	50	11	9	15	21
70	120	2	3	6	9
20	25	7	6	24	12
45	6	12	7	27	21
50	40	2	3	36	3
14	20	4	1	21	6
40	50	10	9	12	18
80	5	11	8	30	12
100	15	12	5	24	18

Oefening 25	Oefening 27	Oefening 29	Oefening 31	Oefening 33	Oefening 35
6	20	1	36	8	15
3	36	9	48	11	72
7	8	6	6	7	24
11	48	4	42	1	36
12	12	11	6	10	36
2	44	4	0	6	48
4	8	12	66	5	16
8	40	7	72	9	4
7	16	5	42	6	66
5	4	2	66	3	6
11	32	8	60	11	40
1	28	2	24	4	8
12	24	8	12	2	44
6	32	7	36	5	12
1	12	3	30	9	33
10	20	10	54	12	4
8	44	12	60	1	32
9	4	1	54	7	24
4	28	3	24	2	30
2	40	11	30	12	36
3	0	4	72	10	3
9	48	6	18	3	24
3	24	5	48	4	28
10	16	9	12	8	12
5	36	10	18	6	18

Oefening 26	Oefening 28	Oefening 30	Oefening 32	Oefening 34	Oefening 36
36	40	48	48	24	60
8	24	6	18	8	18
4	36	66	54	6	36
36	16	30	60	9	15
24	36	60	72	24	21
12	24	24	60	54	16
44	12	66	42	27	36
24	0	36	66	18	12
28	20	12	24	44	9
28	32	54	36	28	30
4	28	6	18	33	42
32	8	48	6	36	6
8	28	60	6	30	48
20	20	30	30	12	24
40	12	72	72	42	20
32	40	18	12	30	48
44	8	24	12	21	40
16	44	18	0	3	6
48	4	42	42	12	66
40	44	54	30	18	54
16	16	36	66	48	27
20	48	42	36	60	72
12	48	72	36	12	42
0	4	0	24	32	44
48	32	12	54	20	48
			48		

Oefening 37	Oefening 39	Oefening 41	Oefening 43	Oefening 45	Oefening 47
3	42	70	96	24	54
11	35	49	32	16	81
9	70	35	72	40	108
5	49	21	48	80	81
2	28	42	64	88	63
10	63	35	80	32	0
4	0	7	48	64	90
1	77	14	16	16	99
9	7	0	0	48	9
2	35	63	64	72	45
3	42	14	96	80	18
11	14	84	56	96	108
10	56	28	56	8	99
8	84	70	88	56	63
8	28	28	72	96	54
6	70	49	24	8	9
5	21	56	40	64	27
1	7	42	8	32	72
12	77	21	24	88	36
10	56	84	32	56	45
7	63	7	80	48	36
9	84	77	16	24	90
4	14	63	88	0	72
8	21	56	8	40	27
3	49	77	40	72	18

Oefening 38	Oefening 40	Oefening 42	Oefening 44	Oefening 46	Oefening 48
R24	14	4	32	8	63
8	63	8	88	10	99
18	21	3	56	4	90
9	7	10	48	12	108
12	35	8	16	6	54
32	35	5	56	5	81
5	56	1	40	2	63
42	28	11	8	3	45
72	70	3	32	7	72
8	21	10	96	10	54
	77	7	64	5	72
	42	9	8	12	45
	84	11	0	8	27
	28	6	48	11	9
	7	2	72	4	18
	70	7	64	11	81
	84	12	96	2	27
	49	5	80	9	0
	56	1	88	6	90
	77	12	80	1	99
	49	6	40	8	18
	63	4	24	7	36
	14	7	72	3	108
	0	2	24	1	36
	42	9	16	9	9

Oefening 49	Oefening 51	Oefening 53	Oefening 55	Oefening 57	Oefening 59
90	40	80	12	110	3
108	35	88	8	44	11
81	27	72	32	132	12
54	14	27	3	88	10
108	42	21	7	99	1
18	56	56	56	11	11
36	63	99	5	77	4
54	64	48	48c	33	5
36	56	108	96	132	7
72	80	72	8	66	1
27	96	70		121	2
18	16	54		88	6
99	54	7		77	5
9	49	49		11	3
63	36	45		22	2
27	18	77		44	12
81	108	90		66	10
63	88	56		110	6
9	8	96		22	8
72	72	28		33	7
0	70	18		99	4
45	24	24		55	8
99	9	28		55	9
45	63	108		0	11
90	77	56		121	9

Oefening 50	Oefening 52	Oefening 54	Oefening 56	Oefening 58	Oefening 60
6	28	11	110	22	132
7	7	3	22	55	108
4	90	2	88	11	120
2	32	6	77	33	24
5	72	3	121	132	72
9	81	8	66	44	36
5	48	11	11	55	24
10	84	7	33	66	120
8	45	12	132	121	48
4	99	3	66	110	96
12	21	9	55	99	144
8	84	12	11	88	12
9	36	4	22	77	84
6	42	9	99	121	36
7	40	1	88	88	108
11	32	2	44	77	144
1	16	8	121	11	12
3	63	10	110	44	84
1	81	5	77	0	60
9	8	7	132	33	0
11	64	10	0	132	132
2	63	9	55	110	60
3	35	11	44	66	96
12	9	1	99	22	72
10	14	12	33	99	48

Oefening 61	Oefening 63	Oefening 65	Oefening 67	Oefening 69	Oefening 71
7	5	132	3	30	48
4	7	33	2	16	10
5	6	77	10	20	18
9	3	132	12	84	144
6	9	72	11	5	18
3	7	96	8	14	30
12	2	66	9	99	9
2	4	99	4	72	24
8	10	24	1	60	40
7	8	60	2	81	35
8	5	12	11	72	35
5	12	84	12	96	30
12	9	22	3	48	36
10	1	55	9	48	90
11	8	110	6	66	24
10	11	121	7	16	2
4	3	88	10	7	15
11	12	144	12	8	55
2	11	108	1	100	28
1	1	11	4	110	70
8	4	36	5	36	6
6	2	44	8	63	120
3	6	0	7	64	8
4	12	48	5	42	21
7	10	120	6	36	56

Oefening 62	Oefening 64	Oefening 66	Oefening 68	Oefening 70	Oefening 72
120	108	66	7	80	42
48	22	132	120	50	12
84	66	110	48c	40	88
72	96	55	33	54	121
60	55	24	11	27	49
12	33	36	8	8	15
120	12	22	3	56	16
24	132	33	9	30	24
0	77	108	72	88	132
48	84	77	96	72	22
132	44	60		63	6
96	60	12		3	21
36	120	121		132	4
84	110	72		20	10
48	121	96		27	96
132	0	99		40	84
108	24	84		20	110
12	36	120		60	48
60	132	44		24	45
72	99	11		36	90
24	72	0		44	28
96	88	88		12	77
48	11	132		10	60
84	144	48		11	12
72	48	144		32	14

Oefening 73	Oefening 75	Oefening 77	Oefening 79	Oefening 81	Oefening 83
3	5	3	8	8	3
3	8	9	99	90	8
9	9	R120	66	36	8
6	6	24	84	96	12
11	12	12	110	28	10
2	5	96	55	63	1
2	3	7	16	11	7
2	8	24	40	72	4
9	12	8 min	4	110	10
7	2	12	18	22	9
8	1		60	24	6
6	11		42	40	11
10	4		8	28	6
5	5		35	5	12
11	2		15	64	12
8	8		81	27	10
1	4		60	108	5
1	10		120	12	5
12	12		6	48	8
4	5		70	88	9
5	12		120	48	6
1	12		45	35	10
3	2		121	20	2
10	10		96	33	1
6	6		132	18	4

Oefening 74	Oefening 76	Oefening 78	Oefening 80	Oefening 82	Oefening 84
12	6	80	21	8	11
11	3	36	32	1	8
7	3	21	14	5	12
4	8	6	20	11	7
1	6	36	30	2	5
8	7	44	24	8	6
10	10	24	12	10	3
10	4	88	22	8	12
11	1	30	60	7	5
10	1	24	72	7	3
7	2	32	40	1	11
7	3	30	49	11	1
10	4	50	66	4	7
3	12	99	30	5	12
1	7	40	84	11	3
12	11	48	56	3	7
8	11	15	100	5	1
4	2	20	25	4	10
8	7	44	9	3	7
11	3	27	54	9	3
9	4	12	20	11	2
4	4	144	72	2	7
6	11	56	77	12	5
7	7	72	6	11	12
9	9	63	24	6	6

Oefening 85	Oefening 86
6	50c
1	8
9	48
9	24c
1	40 minute
4	48
2	10 kilometers
12	70 kilometers
9	72
1	4
2	
7	
7	
6	
12	
8	
9	
8	
2	
1	
5	
3	
7	
3	
10	

www.ingramcontent.com/pod-product-compliance
Lightning Source LLC
Chambersburg PA
CBHW081230020426
42331CB00012B/3104